CODE PÉNAL

ET

CODE D'INSTRUCTION CRIMINELLE

RÉPUBLIQUE D'HAÏTI

CODE PÉNAL

ET

CODE D'INSTRUCTION CRIMINELLE

ANNOTÉS

PAR

Gustave **CHAUMETTE**

CHEZ L'AUTEUR
CAP HAÏTIEN
HAITI

V. GIARD & E. BRIÈRE
Libraires-Editeurs
16, RUE SOUFFLOT, 16
PARIS

1901

CODE PÉNAL

CODE PÉNAL

Chambre des Communes, 29 juillet.— Sénat, 10 Août. Promulgation, 11 Août 1835.

LOI N° 1

Sur les dispositions générales.

Article Premier. — L'infraction que les lois punissent de peines de police est une *contravention*. — *Civ.* 5, —*I. cr.*, 1, 11, 124, 135, 468 et s.—*Pén.*, 4, 383 et s.

L'infraction que les lois punissent de peines correctionnelles, est un *délit*. — *Civ.*, 1095, 1133, 1168 et s.

L'infraction que les lois punissent d'une peine afflictive ou infamante, est un *crime*. — *I. cr.*, 109 et s., 281, 301, 307, 466 et s. — *Pén.*, 2, 4, 6, 12 et s., 31 et s., 40 et s., 57 et s.

Art. **2.** — Toute tentative de crime qui aura été manifestée par des actes extérieurs et suivie d'un commencement d'exécution, si elle n'a été suspendue ou n'a manqué son effet que par des circonstances fortuites ou indépendantes de la volonté de l'auteur, est considérée comme *crime*, et sera punie de la réclusion, dont la durée sera proportionnée à la gravité du cas. — *Pén.*, 1, 7-4°, 20, 58.

Art. **3.** — Les tentatives de *délits* ne sont considérées comme *délits* que dans les cas déterminés par une disposition spéciale de la loi. — *Pén.*, 29, 34, 140, 337.

Art. **4.** — Nulle contravention, nul délit, ne peuvent êtres punis de peines qui n'étaient pas prononcées par la loi, avant qu'ils fussent commis. — *Civ*, 2. — *Pén.*, 1, 7 et s., 26, 382, et s.

Art 5. — Les dispositions du présent Code ne s'appliquent pas aux contraventions, délits et *crimes militaires*. — *Pén.*, 40.

LOI N° 2

Sur les peines en matières criminelle et correctionnelle, et sur leurs effets.

Art. 6. — Les peines en matière criminelle sont, ou afflictives et infamantes à la fois, ou seulement infamantes. — *Pén.*, 1 et s., 7 et s.

Art. 7. — Les peines à la fois afflictives et infamantes sont : — *Pén.*, 17 et s.

1° La mort. — *Pén*, 12, et s., 22, 25.

2° Les travaux forcés à perpétuité. — *Pén*, 15, 18, 25, 53 et s.

3° Les travaux forcés à temps. — *Pén.*, 15 et s., 25, 33, 53 et s.

4° La détention. — *Pén.*, 17, 25, 33. (1).

5° La réclusion dans une maison de force. — *Pén.*, 17, 25, 33.

Art. 8. — Les peines seulement infamantes, sont :

1° Le bannissement.

2° La dégradation civique. — *Pén.*, 22 et s.

3° Le renvoi à perpétuité sous la surveillance spéciale de la haute police de l'Etat. — *Pén.*, 31 et s.

Art. 9. — Les peines en matière correctionnelle sont:

(1) Voy. Loi du 22 Novembre 1860, qui introduit dans le Code pénal la peine de la détention et celle du bannissement (lois usuelles d'Haïti, par Gustave Chaumette, 2e partie.)

1o L'emprisonnement à temps dans un lieu de correction. — *Pén.*, 26 et s., 41 et s.

2o L'interdiction à temps de certains droits politiques, civils ou de famille. — *Pén.*, 28 et s.

3o La destitution. — *Pén.*, 30.

4o Le renvoi à temps sous la surveillance spéciale de la haute police de l'Etat. — *Pén.*, 24, 31 et s.

Art. **10.** — L'amende et la confiscation spéciale, soit du corps du délit, quand la propriété en appartient au condamné, soit des choses produites par le délit, soit de celles qui ont servi, ou qui ont été destinées à le commetire, sont des peines communes aux matières criminelles et correctionnelles. — *I. cr.*, 155 et s., 176 et s., 187 et s., 192 et s. — *Pén.*, 1, 36 et s, 469 et s.

Art. **11.** — La condamnation aux peines établies par la loi, est toujours prononcée sans préjudice des restitutions et dommages-intérêts qui peuvent être dûs aux parties. — *Civ.*, 939, 1168 et s. — *I. cr.*, *Pén.*, 10, 35 et s.

CHAPITRE PREMIER

DES PEINES EN MATIÈRE CRIMINELLE.

Art. **12.** — Tout condamné à mort sera fusillé. — *Pén.* 7, 13 et s. — *I. cr.*, 308.

Art. **13.** — L'exécution se fera sur l'une des places publiques du lieu qui sera indiqué par l'arrêt de condamnation.

Les corps des suppliciés seront délivrés à leurs familles, si elles les réclament, à la charge par elles de les faire inhumer sans aucun appareil.

Art. **14.** — Si une femme condamnée à mort se déclare et s'il est vérifié qu'elle est enceinte, elle ne subira sa peine que quarante jours après sa délivrance: *Pén.*, 12, 16.

Art. **15**. — Les hommes condamnés aux travaux forcés seront employés aux travaux publics. — *Pén*, 16 et s., 53 et s.

Art. **16**. — Les femmes et les filles condamnées aux travaux forcés, n'y seront employées que dans l'intérieur d'une maison de force. — *Pén.*, 33, 40, 53 et s.

Art. **17**. — Les condamnations aux peines perpétuelles, à la fois afflictives et infamantes, emportent la perte des droits civils et politiques, à compter du jour fixé pour l'exécution. — *Const.*, 10-5°. — *Civ.*, 18 et s. — *Pén.*, 53.

Art. **18**. — Les condamnations aux peines temporaires, afflictives ou infamantes, emportent la suspension des droits civils et politiques pendant toute la durée de la peine. — *Civ.*, 25-4°, 26. — *Pén.*, 19.

Il sera nommé au condamné un curateur dans la forme prescrite pour la nomination des curateurs aux interdits. — *Civ.*, 410, 418. — *Pr.*, 784 et s. — *Pén.*, 19.

Art. **19**. — La condamnation à la peine des travaux forcés à temps, sera prononcée pour trois ans au moins et quinze ans au plus. — *Pén.*, 7-3°, 21, 25, 33, 53 et s.

Art. **20**. — Tout individu de l'un ou de l'autre sexe, condamné à la peine de la réclusion, sera employé dans une maison de force, à des travaux dont le produit pourra être en partie appliqué à son profit, ainsi qu'il sera réglé par le Gouvernement.

La durée de cette peine sera au moins de trois années, et de neuf ans au plus.

Art. **21**. — La durée des peines se comptera du jour

où la condamnation sera devenue irrévocable. — *I. cr.*, 153, 175, 301, 307. — *Pén.*, 187. (1)

Art. 22. — Aucune condamnation ne pourra être exécutée les jours de fêtes nationales ou religieuses, ni les dimanches. — *Pr.*. 73. 681, 958. — *Pén.*, 219.

Art. 23. — La dégradation civique consiste dans la destitution et l'exclusion du condamné, de toutes fonctions ou emplois publics, et dans la privation de tous les droits ci-après énoncés :

Le condamné ne pourra jamais être juré, expert, ni être employé comme témoin dans les actes, ni déposer en justice autrement que pour y donner de simples renseignements. — *I. cr.*, 67, 100. — *Pén.*, 28-3° et s.

Il sera incapable de tutelle et de curatelle, si ce n'est de ses enfants, et sur l'avis seulement de la famille. — *Civ.*, 345 et s., 355, 390, 405, 422. — *Pr.*. 773 et s. — *Pén.*, 28.

Il sera déchu du droit de port d'armes. — *Pén.*, 28-4°.

Art. 24. — L'effet du renvoi sous la surveillance spéciale de la haute police de l'Etat, sera déterminé au chapitre III de la présente Loi — *Pén.*, 31 et s.

Art. 25 — Tous jugements qui porteront des peines afflictives ou infamantes, seront lus et publiés par extrait dans la ville où le jugement aura été rendu, dans la commune du lieu où le crime aura été commis, dans celle où se fera l'exécution, et dans celle du domicile du condamné. — *Civ.*, 91. — *I. cr.*, 301. — *Pén.*, 7 et s., 13.

(1) Voy. Loi du 5 décembre 1893 sur la prison préventive. (Lois usuelles de la République d'Haïti, par Gustave Chaumette, 1re partie.)

CHAPITRE II

DES PEINES EN MATIÈRE CORRECTIONNELLE.

Art. **26**. — Quiconque aura été condamné à la peine d'emprisonnement, sera renfermé dans une maison de correction : il y sera employé à l'un des travaux établis dans cette maison, selon son choix, sauf le cas prévu en l'article 330 du présent Code. — *Pén.*, 1, 3, 4, 9, 27, 42 et s.

La durée de cette peine sera au moins de six jours, et de trois années au plus ; sauf les cas de récidive ou autres, où la loi aura déterminé d'autres limites. — *Pén.*, 42 et s., 382 et s.

La peine à un jour d'emprisonnement est de vingt-quatre heures.

Celle à un mois est de trente jours.

Art **27**. — Les produits du travail de chaque détenu pour délit correctionnel, seront appliqués, partie aux dépenses communes de la maison, partie à lui procurer quelques adoucissements, s'il les mérite, partie à former pour lui au temps de sa sortie, un fonds de réserve : le tout ainsi qu'il sera ordonné par des règlements d'administration publique.

Art. **28**. — Les tribunaux, jugeant correctionnellement pourront, dans certains cas, interdire, en tout ou en partie, l'exercice des droits politiques, civils et de famille suivants: — *Pén.*, 23,29, 81.

1° De vote et d'élection. — *Pén*, 23.

2° D'éligibilité. — *Pén.*, 23.

3° D'être appelé ou nommé aux fonctions de juré ou autres fonctions publiques, ou aux emplois publics de l'administration, ou d'exercer ces fonctions ou emplois.

4° De port d'armes.

5° De vote et de suffrage dans les délibérations de famille.

6° D'être tuteur, curateur, si ce n'est de ses enfants, et sur l'avis seulement du conseil de famille. — *Pén.*, 23, 282 et s.

7° D'être expert ou employé comme témoin dans les actes.

8° De témoignage en justice autrement que pour y faire de simples déclarations.

Art. **29.** — Les tribunaux ne prononceront l'interdiction mentionnée dans l'article précédent, que lorsqu'elle aura été autorisée ou ordonnée par une disposition particulière de la loi. — *Pén.*, 4, 9, 65, 68, 81, 83 et s., 92, 132, 136, 146, 148, 158, 282 et s., 332, 337 et s., 342, 383.

Art. **30.** — Quiconque aura encouru la peine de la destitution, sera privé du droit d'exercer aucun emploi ou fonction publics, pendant trois mois au moins et cinq ans au plus.

CHAPITRE III

DES PEINES ET AUTRES CONDAMNATIONS QUI PEUVENT ÊTRE PRONONCÉES POUR CRIMES OU DÉLITS.

Art. **31.** — L'effet du renvoi sous la surveillance spéciale de la haute police de l'Etat, sera de donner au Gouvernement le droit d'ordonner, et à la partie intéressée, de requérir du Grand-Juge, soit le bannissement de l'individu, d'un certain lieu, soit sa résidence continue dans un lieu déterminé de l'un des arrondissements de la République. — *Pén.*, 9, 10, 32 et s.

Art **32.** — En cas de désobéissance à cet ordre, le Gouvernement aura le droit d'ordonner, et la partie intéressée de requérir du Grand-Juge, l'arrestation et la détention du condamné pendant un intervalle de temps qui pourra s'étendre autant que le temps fixé pour l'état de la surveillance spéciale. — *Pén.*, 26 et s.

Art. **33**. — Les coupables condamnés aux travaux forcés à temps ou à la réclusion, seront, de plein droit, après qu'ils auront subi leur peine, et pendant un temps égal à sa durée, sous la surveillance de la haute police de l'Etat.

Art. **34**. — Devront être renvoyés sous la même surveillance, et pendant toute la vie, ceux qui auront été condamnés pour crimes ou délits qui intéressent la sûreté intérieure ou extérieure de l'Etat. — *Pén.*, 57 et s.

Hors les cas ci-dessus déterminés, les condamnés ne seront placés sous la surveillance de la haute police de l'Etat que dans le cas où une disposition particulière de la loi l'aura permis. — *Pén.*, 42, 52, 76, 79, 80, 182, 204, 253, 254, 260, 262, 271, 283, 290, 330, 331, 364, 372, 382.

Art. **35**. — Quand il y aura lieu à restitution, le coupable sera condamné, en outre, envers la partie, à des indemnités, dont la détermination est laissée à la justice du tribunal, lorsque la loi ne les aura pas réglées; sans qu'elles puissent jamais être au-dessous du quart des restitutions, et sans que le tribunal puisse, du consentement même de la partie, en prononcer l'application à une œuvre quelconque.

Art. **36**. — L'exécution des condamnations à l'amende, aux restitutions, aux dommages-intérêts et aux frais, pourra être poursuivie par la voix de la contrainte par corps. — *Civ.*, 1829. — *Pr.*, 133. — *Pén.*, 37, 388.

Art. **37**, *ainsi modifié par la loi du 21 juillet 1898.* — Lorsque des amendes et des frais seront prononcés au profit de l'Etat, si après l'expiration de la peine afflictive et infamante, l'emprisonnement du condamné pour l'acquit de ces condamnations pécuniaires a duré une année complète, il pourra, sur la preuve acquise par la voie de droit, de son insolvabilité, obtenir sa liberté.

La durée de l'emprisonnement sera réduite à six mois, s'il s'agit d'un délit.

Et lorsque le condamné aura été retenu par les parties plaignantes ou civiles pour les dommages-intérêts, restitutions ou frais prononcés à leur profit, la durée de la contrainte sera de six mois, s'il s'agit de dommages-intérêts n'excédant pas cent piastres, et d'un an au plus si ces dommages-intérêts excèdent cette valeur. — *Pén.*, 386.

Art. **38.** — En cas de concurrence de l'amende avec les restitutions et les dommages-intérêts, sur les biens insuffisants du condamné, ces dernières condamnations obtiendront la préférence. — *I. cr.* 103, — *Pén.*, 18, 35, 387.

Art. **39.** — Tous les individus condamnés pour un même crime ou pour un même délit, sont tenus solidairement des amendes, des restitutions, des dommages-intérêts et des frais. — *Civ.* 987, — *Pén.*, 44 et s., 202.

CHAPITRE IV

DES PEINES DE LA RÉCIDIVE POUR CRIMES ET DÉLITS

Art. **40.** — Quiconque ayant été condamné pour crime, aura commis un second crime, emportant la dégradation civique sera condamné à la peine de la réclusion. — *Pén.*, 7 et s., 17, 33.

Si le second crime entraîne la peine de la réclusion, il sera condamné à la peine des travaux forcés à temps.

Si le second crime entraîne la peine des travaux

forcés à temps, il sera condamné à la peine des travaux forcés à perpétuité. — *Pén.*, 7, 15, 18, 33.

Si le second crime entraîne la peine des travaux forcés à perpétuité, il sera condamné à la peine de mort. — *Pén.*, 12.

Art. **41**. — Quiconque ayant été condamné pour un crime, aura commis un délit de nature à être puni correctionnellement, sera condamné au *maximum* de la peine portée par la loi, et cette peine pourra être élevée jusqu'au double ; il sera, de plus, mis sous la surveillance spéciale de la haute police de l'État, pendant au moins trois années, et neuf ans au plus. — *I. cr.*, 155. — *Pén.*, 26.

Art. **42**. — Les condamnés à une peine correctionnelle de plus de six mois d'emprisonnement, seront, en cas de nouveau délit, condamnés comme il est dit en l'article précédent. — *Pén.*, 9, 26, 31, 34, 41.

Art. **43**. — Quiconque ayant été condamné à une peine correctionnelle, aura commis un crime de nature à être puni des travaux forcés à temps ou à la réclusion, sera condamné au *maximum* de la peine établie par la loi. — *Pén.*, 9, 26, 31, 41.

LOI N° 3

Sur les personnes punissables, excusables ou responsables, pour crimes ou délits.

CHAPITRE UNIQUE

Art. **44**. — Les complices d'un crime ou d'un délit, seront punis de la même peine que les auteurs mêmes de ce crime ou de ce délit, sauf les cas où la loi en aurait disposé autrement. — *Civ.*, 590. — *I. cr.*, 390. — *Pén.*, 45, et s., 76, 85, 100, 126, 135, 151, 163, 167, 174, 178, 196, 229 et s., 238, 286, 325, 328, 361 et s.

Art. **45.** — Seront punis comme complices d'une action qualifiée crime ou délit,

Ceux qui auront procuré des armes, des instruments ou tout autre moyen qui aura servi à l'action, sachant qu'ils devaient y servir ;

Ceux qui auront, avec connaissance, aidé ou assisté l'auteur ou les auteurs de l'action, dans les faits qui l'auront consommée, sans préjudice des peines qui seront spécialement portées par le présent Code contre les auteurs de complots ou de provocations attentatoires à la sûreté intérieure ou extérieure de l'Etat, mêm dans le cas où le crime qui était l'objet des conspirateurs ou des provocateurs, n'aurait pas été commis. — *Pén.*, 57 et s., 63, 238.

Art. **46.** — Ceux qui sciemment auront recélé, en tout ou en partie, des choses enlevées, détournées ou obtenues à l'aide d'un crime ou d'un délit, seront aussi punis comme complices de ce crime ou délit. — *Pén.*, 47, 61, 206, 305, 325.

Art. **47.** — Néanmoins, à l'égard des recéleurs désignés dans l'article précédent, la peine de mort ou des travaux forcés à perpétuité, lorsqu'il y aura lieu, ne leur sera appliquée qu'autant qu'ils seront convaincus d'avoir eu, au temps du recélé, connaissance des circonstances auxquelles la loi attache les peines de ces deux genres ; sinon, ils ne subiront que la peine des travaux forcés à temps. — *Pén.*, 249, 326.

Art. **48.** — Il n'y a ni crime ni délit, lorsque le prévenu était en démence au temps de l'action, ou lorsqu'il a été contraint par une force à laquelle il n'a pu résister.

Art. **49.** — Nul crime ou délit ne peut être excusé, ni la peine mitigée, que dans les cas et dans les circonstances où la loi déclare le fait excusable, ou permet de lui appliquer une peine moins rigoureuse. — *I. cr.*, 272, 299. — *Pén.*, 76, 80, 83, 99, et s., 106, 125, 149, 151, 174, 178, 206, 229, 233, 266 et s., 290, 296 et s., 303, 325, 382.

Art. **50.** — Lorsque l'accusé aura moins de quatorze ans ; s'il est décidé qu'il a agi sans discernement, il sera acquitté ; mais il sera, selon les circonstances, remis à ses parents, ou conduit dans une maison de correction, pour y être élevé et détenu pendant nombre d'années que le jugement déterminera. et qui toutefois ne pourra excéder l'époque où il aura accompli sa vingtième année. — *I. cr.*, 273. — *Pén.*, 51 à 60, 148.

Art. **51.** — S'il est décidé qu'il a agi avec discernement, les peines seront prononcées, ainsi qu'il suit : — *Pén.*, 50, 52, 323.

S'il a encouru la peine de mort, ou des travaux forcés à perpétuité, il sera condamné à la peine de dix à vingt ans d'emprisonnement dans une maison de correction. — *Pén.*, 7, 26 et s.

S'il a encouru la peine des travaux forcés à temps ou de la réclusion, il sera condamné à être renfermé dans une maison de correction pour un temps égal au tiers au moins et à la moitié au plus de celui auquel il aurait pu être condamné à l'une de ces peines. — *Pén.*, 31, 34.

Art. **52.** — Dans tous les cas, il pourra être mis, par le jugement, sous la surveillance de la haute police de l'Etat, pendant cinq ans au moins et dix ans au plus. — *Pén.*, 31, 34.

Si le coupable n'a encouru qu'une peine correctionnelle, il pourra être condamné à telle peine correctionnelle qui sera jugée convenable, pourvu qu'elle soit au-dessous de la moitié de celle qu'il aurait subie, s'il avait eu quatorze ans.

Art. **53.** — Les peines des travaux forcés à perpétuité et des travaux forcés à temps ne seront prononcées contre aucun individu âgé de soixante ans accomplis au moment du jugement. — *Civ.*, 1832. — *Pr.*, 700-4°. — *Pén.*, 7, 20, 53, 55.

Art. **54.** — Ces peines seront remplacées, à leur égard, par celle de la réclusion, soit à perpétuité, soit à temps, selon la durée de la peine qu'elle remplacera. — *Pén.*, 7, 20, 53.

Art. **55.** — Tout condamné à la peine des travaux à perpétuité ou à temps, dès qu'il aura atteint l'âge de soixante ans accomplis, en sera relevé, et sera renfermé dans la maison de force pour tout le temps de sa peine, comme s'il n'eût été condamné qu'à la réclusion.

Art. **56.** — Dans les cas de responsabilité civile qui pourront se présenter dans les affaires criminelles, correctionnelles ou de police, les tribunaux devant qui ces affaires seront portées, se conformeront aux dispositions du Code civil sur les *délits* et *quasi-délits*. — *Civ.*, 1168 et s. — *I. cr.*, 170. — *Pén.*, 353, 356 et s., 390, 394, 398.

LOI N° 4

Sur les crimes, les délits et leur punition

TITRE PREMIER

CRIMES ET DÉLITS CONTRE LA CHOSE PUBLIQUE (1).

CHAPITRE PREMIER

CRIMES ET DÉLITS CONTRE LA SURETÉ DE L'ÉTAT

SECTION PREMIÈRE

Des crimes et délits contre la sureté extérieure de l'Etat.

Art. **57**. — Tout Haïtien qui aura porté les armes contre Haïti, sera puni de mort. — *Pén.*, 12.

Art. **58**. — Sera également puni de mort, quiconque aura pratiqué des manœuvres ou entretenu des intelligences avec les ennemis de l'Etat, à l'effet de faciliter leur entrée sur le territoire et dépendances de la République, ou de leur livrer des villes, forteresses, places, postes, ports, magasins, arsenaux, vaisseaux ou bâtiments appartenant à Haïti, ou de fouruir aux ennemis des secours en soldats, hommes, argent, vivres, armes ou munitions, ou de seconder les progrès de leurs armes sur les possessions ou contre les forces haïtiennes de terre ou de mer, soit en ébranlant la fidélité des officiers, soldats, matelots ou autres envers l'Etat et le Chef de l'Etat, soit de toute autre manière. — *Pén.*, 12.

Art. **59**. — Tout fonctionnaire public, tout agent,

(1) Voy. *Recueil de lois usuelles de la République d'Haïti*, par Gustave Chaumette (1re partie). 1° Loi du 6 septembre 1870, sur le mode de procéder devant les tribunaux correctionnels en matière de délits politiques et de presse ; 2° Loi du 5 octobre 1891 qui remplace la peine de mort en matière politique par une détention dans une prison de trois à six ans.

tout préposé du Gouvernement, chargé à raison de ses fonctions, du dépôt des plans de fortifications, arsenaux, ports ou rades. qui aura livré ces plans, ou l'un de ces plans à l'ennemi ou aux agents de l'ennemi, sera puni de mort. — *Pén.*, 12.

Il sera puni de la réclusion, s'il a livré ces plans aux agents d'une puissance étrangère, neutre ou alliée.

Art. **60**. — Toute autre personne qui, étant parvenue, par corruption, fraude ou violence, à soustraire les dits plans, les aura livrés ou à l'ennemi ou aux agents d'une puissance étrangère, sera punie comme le fonctionnaire ou agent mentionné dans l'article précédent, et selon les distinctions qui y sont établies.

Si les dits plans se trouvaient, sans le préalable emploi de mauvaises voies, entre les mains de la personne qui les a livrés, la peine sera,

Au premier cas mentionné dans l'article 59, la réclusion, et au second cas du même article, un emprisonnement d'un an à trois ans.

Art. **61**. — Quiconque aura recélé ou fait recéler les espions ou les soldats ennemis, envoyés à la découverte, et qu'il aura connus pour tels, sera condamné à la peine de mort. — *Pén.*, 12, 67.

Art. **62**. — Quiconque aura, par des actes non approuvés par le Gouvernement, exposé des Haïtiens à éprouver des représailles, sera puni de la réclusion. *Pén.*, 17, 33 et s.

Section II

Des crimes contre la sûreté intérieure de l'Etat.

PARAGRAPHE PREMIER

Des attentats et complots dirigés contre le Chef de l'Etat.

Art. **63**. — L'attentat contre la vie ou contre la personne du Chef de l'Etat sera puni de mort. — *Pén.*, 12.

Art. **64.** — L'attentat dont le but sera,

Soit de détruire ou de changer le Gouvernement, soit d'exciter les citoyens ou habitants à s'armer contre l'autorité du Chef de l'Etat,

Sera puni de mort. — *Pén.*, 12.

Art. **65.** — Le complot qui aura pour but les crimes mentionnés aux précédents articles, sera puni de la réclusion.

Art. **66.** — Il y a attentat, dès qu'un acte est commis ou commencé pour parvenir à l'exécution de ces crimes, quoiqu'ils n'aient pas été consommés. — *Pén.*, 63.

Art. **67.** — Il y a complot, dès que la résolution d'agir est concertée et arrêtée entre deux conspirateurs, ou un plus grand nombre, quoiqu'il n'y ait pas eu d'attentat. — *Pén.*, 65.

§ II

Des crimes tendant à troubler l'Etat par la guerre civile, l'illégal emploi de la force armée, la dévastation et le pillage publics.

Art. **68.** — L'attentat dont le but sera,

Soit d'exciter la guerre civile, en armant et en portant les citoyens ou habitants à s'armer les uns contre les autres ;

Soit de porter la dévastation, le massacre et le pillage dans une ou plusieurs communes,

Sera puni de la peine de mort. — *Pén.*, 12 et s.

Art. **69.** — Le complot qui tendra au même but sera puni de la peine de réclusion. — *Pén.*, 63, 70.

Art. **70.** — Ceux qui auront levé ou fait lever des troupes armées, engagé ou enrôlé, fait engager ou enrôler des soldats, ou leur auront fourni ou procuré des armes ou munitions, sans ordre ou autorisation du Chef de l'Etat ;

Ceux qui, sans droit ou motif légitime, auront pris le commandement d'un corps d'armée, d'une troupe, d'une flotte, d'une escadre, d'un bâtiment de guerre, d'une place forte, d'un poste, d'un port, d'une ville ;

Ceux qui auront retenu, contre l'ordre du Gouvernemant, un commandement militaire quelconque ;

Les commandants qui auront tenu leur armée ou troupe rassemblée, après que le licenciement ou la séparation en aura été ordonnée,

Seront punis de mort. — *Pén.*, 12, 13, 63, 68.

Art. **71**. — Toute personne qui, pouvant disposer de la force publique, en aura requis ou ordonné, fait ordonner ou requérir l'action ou l'emploi contre la levée des gens de guerre légalement établie, sera punie de la réclusion.

Si cette réquisition ou cet ordre ont été suivis de leur effet, le coupable sera puni de mort.

Art. **72**. — Tout individu qui aura incendié, ou détruit, par l'explosion d'une mine, ou par tout autre moyen, des édifices, magasins, arsenaux, vaisseaux, ou autres propriétés appartenant à l'Etat, sera puni de mort.

Art. **73**. — Quiconque, soit pour envahir des domaines, propriétés ou deniers publics, places, villes, forteresses, postes, magasins, arsenaux, forts, vaisseaux ou bâtiments appartenant à l'Etat, soit pour piller ou partager des propriétés publiques ou nationales, soit enfin pour faire attaque ou résistance envers la force publique agissant contre les auteurs de ces crimes, se sera mis à la tête de bandes armées, ou y aura exercé une fonction ou un commandement quelconque, sera puni de mort.

La même peine sera appliquée à ceux qui auront dirigé l'association, levé ou fait lever, organisé ou fait organiser les bandes, ou leur auront sciemment et volontairement fourni ou procuré des armes, munitions et instruments de crime, ou envoyé des convois de subsistances.

Art. **74**. — Dans le cas où l'un ou plusieurs des crimes mentionnés aux articles 63, 64 et 68, auront été exécutés ou simplement tentés pas une bande, la peine de mort sera appliquée sans distinction de grades, à tous les individus faisant partie de la bande, et qui auront été saisis sur le lieu de la réunion séditieuse.

Sera puni de la même peine, quoique non saisi sur le lieu, quiconque aura dirigé la sédition, ou aura exercé dans la bande un emploi ou commandement quelconque.

Art. **75**. — Hors le cas où la réunion séditieuse aurait eu pour objet ou résultat l'un ou plusieurs des crimes énoncés aux articles 63, 64, et 68, les individus faisant partie des bandes dont il est parlé ci-dessus, sans y exercer aucun commandement ni emploi, et qui auront été saisis sur les lieux, seront punis de la réclusion.

Art. **76**. — Il ne sera prononcé aucune peine, pour le fait de sédition, contre ceux qui, ayant fait partie de ces bandes sans y exercer aucun commandement et sans y remplir aucun emploi ou fonction, se seront retirés au premier avertissement des autorités civiles ou militaires, ou même depuis, lorsqu'ils n'auront été saisis que hors des lieux de la réunion séditieuse sans opposer de résistance et sans armes.

Ils ne seront punis, dans ces cas, que des crimes particuliers qu'ils auraient personnellement commis ; et néanmoins ils pourront être renvoyés, pour cinq ans, ou au plus, jusqu'à dix, sous la surveillance spéciale de la haute police de l'Etat. — *Pén.*, 31, 36, 174, 356.

Art. 77. — Sont compris dans le mot armes, toutes machines, tous instruments ou ustensiles tranchants, perçants ou contondants.

Les couteaux et ciseaux de poche, les cannes simples, ne seront réputés armes qu'autant qu'il en aura été fait usage pour tuer, blesser ou frapper. — *Pén.*, 45, 259, 326, 391.

Disposition commune aux deux paragraphes de la présente section.

Art. 78. — Seront punis comme coupables des crimes mentionnés dans la présente section, tous ceux qui, soit par discours tenus dans les lieux ou réunions publics ; soit par placards affichés, soit par écrits imprimés, auront excité directement les citoyens à les commettre.

Section III

De la révélation et de la non-révélation des crimes qui compromettent la sûreté intérieure ou extérieure de l'Etat.

Art. 79. — Toutes personnes qui, ayant eu connaissance de complots ou de crimes projetés contre la sûreté intérieure ou extérieure de l'Etat, n'auront pas fait la déclaration de ces complots ou crimes, et n'auront pas révélé au Gouvernement ou aux autorités administratives ou de police judiciaire, les circonstances qui en seront venues à leur connaissance, le tout dans les vingt-quatre heures qui auront suivi la dite connaissance, seront, lors même qu'elles seraient reconnues exemptes de toute complicité, mises, pour le seul fait de non-révélation, sous la surveillance spéciale de la haute police de l'Etat, pendant un temps qui n'excédera point cinq ans. — *I. cr.*, 20 et s. — *Pén.*, 57 et s., 100.

Art. **80**. — Seront exempts des peines prononcées contre les auteurs des complots ou d'autres crimes attentatoires à la sûreté de l'Etat, ceux des coupables qui avant toute exécution ou tentative de ces complots ou de ces crimes, et avant toutes poursuites commencées, auront les premiers donné aux autorités mentionnées en l'article précédent, connaissance de ces complots ou crimes, et de leurs auteurs ou complices, ou qui, même depuis le commencement des poursuites, auront procuré l'arrestation des dits auteurs ou complices. — *Pén.*, 44, 100, 106.

Les coupables qui auront donné ces connaissances ou procuré ces arrestations, pourront néanmoins être condamnés à rester, pour la vie ou à temps, sous la surveillance spéciale de la haute police de l'Etat. — *Pén.*, 31, 34.

CHAPITRE II

CRIMES ET DÉLITS CONTRE LA CONSTITUTION

Section Première

Des crimes et délits relatifs à l'exercice des droits politiques.

Art. **81**. — Lorsque, par attroupement, voies de fait ou menaces, on aura empêché un ou plusieurs citoyens d'exercer leurs droits politiques, chacun des coupables sera puni d'un emprisonnement de trois mois au moins, et d'un an au plus, et de l'interdiction du droit de voter et d'être éligible, pendant cinq ans au moins et dix ans au plus. — *Pén.*, 26, 28.

Art. **82**. — Si ce crime a été commis par suite d'un plan concerté pour être exécuté, soit dans toute la République, soit dans un ou plusieurs arrondissements ou communes, la peine sera la réclusion.

Art. **83.** — Tout citoyen qui, étant chargé dans un scrutin du dépouillement des billets contenant les suffrages des citoyens, sera surpris falsifiant ces billets, ou en soustrayant de la masse, ou en y ajoutant, ou inscrivant, sur les billets des votants non lettrés, des noms autres que ceux qui lui auraient été déclarés, sera puni de la dégradation civique. — *Pén.*, 23.

Toutes autres personnes coupables des faits ci-dessus énoncés, seront punies d'un emprisonnement de trois mois au moins et d'un an plus, et de l'interdiction à vie du droit de voter et d'être éligible. — *Pén.*, 26, 28-1°.

Art. **84.** — Tout citoyen qui aura, dans les élections, acheté ou vendu un suffrage, à un prix quelconque, sera puni d'interdiction des droits politiques et de toute fonction ou emploi publics, pendant cinq ans au moins et dix ans au plus. — *Pén.*, 137.

Seront en outre le vendeur ou l'acheteur du suffrage, condamnés chacun à une amende double de la valeur des choses reçues ou promises. — *Pén.*, 10, 44 et s.

Section II
Attentats à la liberté.

Art. **85.** — Lorsqu'un fonctionnaire public, un agent ou un préposé du Gouvernement, aura ordonné ou fait quelques actes arbitraires et attentatoires, soit à la liberté individuelle, soit aux droits politiques d'un ou de plusieurs citoyens, soit à la Constitution, il sera condamné à la destitution. — *I. cr.*, 450 et s. — *Pén.*, 8, 23, 81, 137, 145, 289. — *Const.*, 14.

Si néanmoins il justifie qu'il a agi par ordre de ses supérieurs, pour des objets du ressort de ceux-ci, et sur lesquels il leur était dû obéissance hiérarchique, il sera exempt de la peine, laquelle sera appliquée au coupable. — *Pén.*, 48, 151, 266.

Art. **86.** — Les dommages-intérêts qui pourraient être prononcés à raison des attentats exprimés en l'article précédent, seront demandés, soit sur la poursuite criminelle, soit par la voie civile, et seront réglés, eu égard aux personnes, aux circonstances et au préjudice souffert, sans qu'en aucun cas, et quelque soit l'individu lésé, les dits dommages-intérêts puissent être au-dessous de quatre gourdes, ni au-dessus de dix gourdes par chaque jour de détention illégale et arbitraire, et pour chaque individu. — *Civ.*, 929, 1168. — *Pr.* 135. — *I. cr.*, 1 à 4.

Actuellement les dommages-intérêts ne peuvent être prononcés au-dessous D'UNE PIASTRE *ni au-dessus de* DEUX PIASTRES ET DEMIE (*Loi du 10 août 1877, qui règle en monnaie forte les amendes, dommages-intérêts, etc.*)

Art. **87.** — Si l'acte contraire à la Constitution a été fait d'après une fausse signature du nom d'un fonctionnaire public, les auteurs du faux et ceux qui en auront sciemment fait usage, seront punis des travaux forcés à temps, dont le *maximum* sera toujours appliqué dans ce cas. — *I. cr.*, 350 et s. — *Pén.*, 15, 19, 125.

Art. **88.** — Les fonctionnaires publics, chargés de la police administrative ou judiciaire, qui auront refusé ou négligé de déférer à une réclamation légale, tendant à constater les détentions illégales et arbitraires, soit dans les maisons destinées à la garde des détenus, soit partout ailleurs, et qui ne justifieront pas les avoir dénoncées à l'autorité supérieure, seront punis de la destitution et tenus des dommages-intérêts, lesquels seront réglés comme il est dit en l'article 86. — *I. cr.*, 442, 450 et s. — *Pén.*; 289 et s.

Art. **89**. — Les gardiens et concierges des maisons de dépôt, d'arrêt, de justice ou de peine, qui auront reçu un prisonnier, sans mandat ou jugement, ou sans ordre provisoire du Gouvernement; ceux qui l'auront retenu ou auront refusé de le représenter à l'officier de police ou au porteur de ses ordres, sans justifier de la défense du ministère public ou du juge; ceux qui auront refusé d'exhiber leurs registres à l'officier de police, seront, comme coupables de détention arbitraire, punis de trois mois à un an d'emprisonnement. — *I. cr.* 443 et s., 452. — *Pén.*, 26, 36, 88, 289 et s.

Art. **90**. — Seront punis de la destitution, tous officiers de police judiciaire, tous officiers du ministère public, tous juges qui auront provoqué, donné ou signé un jugement, une ordonnance ou un mandat, tendant à la poursuite personnelle ou accusation, soit d'un grand fonctionnaire, sans l'autorisation du chef de l'Etat, soit d'un membre du Corps législatif, contre les dispositions de la Constitution, ou qui, hors les cas de flagrant délit ou de clameur publique, auront, sans la dite autorisation, ou contre les dites dispositions, donné ou signé l'ordre ou le mandat de saisir ou arrêter un ou plusieurs grands fonctionnaires, ou membres du Corps législatif. — *Const.*, 85 et s. — *I. cr.*, 9, 13, 31, 44, 77 et s., 88, 380 et s. — *Pén.*, 9, 30, 95, 127 et s., 144.

Art. **91**. — Seront aussi punis de la destitution, les officiers du ministère public, les juges ou les officiers publics qui auront retenu ou fait retenir un individu hors des lieux déterminés par le Gouvernement ou par l'administration publique, ou qui auront traduit un citoyen devant un tribunal criminel, sans qu'il ait été préalablement mis légalement en accusation. — *I. cr.*, 450 et s. — *Pén.*, 30, 88 et s., 289 et s.

Section III

Coalition des fonctionnaires.

Art. **92**. — Tout concert de mesures contraires aux lois, pratiqué, soit par la réunion d'individus ou de corps dépositaires de quelque partie de l'autorité publique, soit par députation ou correspondance entre eux, sera puni d'un emprisonnement d'un mois au moins, et de trois mois au plus, contre chaque coupable, qui pourra, de plus, être condamné à l'interdiction des droits politiques, et de tout emploi public, pendant cinq ans au plus. — *Pén.*, 26, 28, 85 et s., 127 et s.

Art. **93**. — Si, par l'un des moyens exprimés ci-dessus, il a été concerté des mesures contre l'exécution des lois ou contre les ordres du Président d'Haïti, la peine sera l'emprisonnement d'un an à trois ans, et l'envoi sous la surveillance de la haute police de l'Etat, pour un temps qui ne pourra être moindre de cinq ans.

Si ce concert a eu lieu entre les autorités civiles, et les corps militaires ou leurs chefs, ceux qui en seront les auteurs ou provocateurs, seront punis de la réclusion ; et les autres coupables, de l'emprisonnement.

Art. **94**. — Dans le cas où ce concert aurait eu pour objet, ou résultat, un complot attentatoire à la sûreté de l'Etat, les coupables seront punis de mort. — *Pén.*, 12, 63, 67 et s.

Section IV

Empiètement des Autorités administratives et judiciaires.

Art. **95**. — Seront coupables de forfaiture, et punis de la dégradation civique. — *Pén.*, 23.

Les juges, les officiers du ministère public, les officiers de police, et les autorités administratives, qui se seront immiscés dans l'exercice du pouvoir législatif, soit par des règlements contenant des dispositions législatives, soit en arrêtant ou en suspendant l'exécution d'une ou de plusieurs lois, soit en délibérant sur le point de savoir si les lois seront publiées ou exécutées. — *Civ.*, 8. — *I. cr.*, 9, 13, 44, 330.

Art. **96.** — La peine sera d'une amende de vingt gourdes au moins et de cent gourdes au plus, contre chacun des juges qui, après une réclamation légale des parties intéressées ou de l'autorité compétente, auront rendu des ordonnances ou décerné des mandats, sans l'autorisation du Gouvernement, contre ses agents ou préposés, lorsqu'ils seront prévenus de crimes ou délits commis dans l'exercice de leurs fonctions. — *I. cr.*, 30, 81. — *Pén.*, 36, 85.

La même peine sera appliquée aux officiers du Ministère public ou de police, qui auront requis les dites ordonnances ou mandats.

Amende actuelle : CINQ PIASTRES *au moins et vingt-cinq piastres au plus (Loi du 10 août 1877, qui règle en monnaie forte les am·ndes, etc.)*

CHAPITRE III

DES CRIMES ET DÉLITS CONTRE LA PAIX PUBLIQUE

SECTION PREMIÈRE
Du Faux

PARAGRAPHE PREMIER
Fausse Monnaie

Art. **97.** — Quiconque aura contrefait ou altéré les monnaies ayant cours légal en Haïti, ou participé à l'émission des dites monnaies contrefaites ou altérées, ou à leur introduction sur le territoire haïtien, sera puni de mort. — *I. cr.*, 5, 6. — *Pén.*, 12, 100 et s., 125 et s.

Art. **98.** — Tout individu qui aura, en Haïti, contrefait ou altéré des monnaies étrangères ou participé à l'émission ou introduction en Haïti de monnaies étrangères contrefaites ou altérées, sera puni des travaux forcés à perpétuité. — *Pen.*, 15, 17, 97, 125 et s.

Art. **99**. — La participation énoncée aux précédents articles ne s'applique point à ceux qui, ayant reçu pour bonnes des pièces de monnaie contrefaites ou altérées, les ont remises en circulation.

Toutefois, celui qui aura fait usage des dites pièces, après en avoir vérifié ou fait vérifier les vices, sera puni d'une amende triple au moins, et sextuple au plus, de la somme représentée par les pièces qu'il aura rendues à la circulation, sans que cette amende puisse, en aucun cas, être inférieure à seize gourdes. — *Pén.*, 382.

Actuellement : QUATRE PIASTRES. *(Loi du 10 Août 1877 qui règle en monnaie forte les amendes, etc).*

Art. **100**. — Les personnes coupables des crimes mentionnés aux articles 97 et 98, seront exemptes de peines, si, avant la consommation de ces crimes et avant toutes poursuites, elles en ont donné connaissance et révélé les auteurs aux autorités constituées, ou si, même après les poursuites commencées, elles ont procuré l'arrestation des autres coupables. — *Pén.*, 80, 85.

§ II

Contrefaction des sceaux de l'Etat, des billets de banque, des effets publics, des poinçons, timbres et marques.

Art. **101**. — Ceux qui auront contrefait le sceau de l'Etat ou fait usage du sceau contrefait ;

Ceux qui auront contrefait ou falsifié, soit des effets émis par le trésor public, avec son timbre, soit des billets de banque autorisés par la loi, ou qui auront fait usage de ces effets et billets contrefaits ou falsifiés, ou qui les auront introduits dans l'enceinte du territoire haïtien ;

Seront punis de mort. — *Pén.*, 12, 22.

Art. **102**. — Ceux qui auront contrefait ou falsifié, soit un ou plusieurs timbres nationaux, soit les matrices de l'hôtel national des monnaies, soit les marteaux de l'Etat servant aux marques forestières, soit le poinçon ou les poinçons servant à marquer les matières d'or ou d'argent, ou qui auront fait usage des papiers, effets, timbres, marteaux ou poinçons falsifiés ou contrefaits, seront punis des travaux forcés à perpétuité. — *Pén.*, 15, 123 et s,

Art. **103**. — Sera puni des travaux forcés à temps, quiconque s'étant indûment procuré les vrais sceaux, de l'Etat, les vraies matrices, les vrais timbres, marteaux ou poinçons, ayant l'une des destinations exprimées en l'article précédent, en aura fait une application ou usage préjudiciable aux droits ou aux intérêts de l'Etat.

Art. **104**. — Ceux qui auront contrefait les marques destinées à être apposées, au nom du Gouvernement, sur les diverses espèces de denrées ou de marchandises, ou qui auront fait usage de ces fausses marques;

Ceux qui auront contrefait le sceau, timbre ou marque d'une autorité quelconque, ou d'un établissement particulier de banque ou de commerce ; ou qui auront fait usage des sceaux, timbres ou marques contrefaits;

Seront punis de la réclusion. — *Pén.*, 20, 125 et s.

Art. **105**. — Sera puni de l'emprisonnement, quiconque s'étant indûment procuré les vrais sceaux, timbres ou marques, ayant l'une des destinations exprimées en l'article précédent, en aura fait une application ou usage préjudiciables aux droits ou intérêts de l'Etat, d'une autorité quelconque, ou même d'un établissement particulier.

Art. **106**. — Les dispositions de l'article 100 sont applicables aux crimes mentionnés dans l'article 101.

§ III

Des faux en écritures publiques ou authentiques, et de commerce ou de banque.

Art. **107**. — Tout fonctionnaire ou officier public qui, dans l'exercice de ses fonctions, aura commis un faux,

Soit par fausses signatures,

Soit par altération des actes, écritures ou signatures,

Soit par supposition de personnes,

Soit par des écritures faites ou intercalées sur des registres ou d'autres actes publics, depuis leur confection ou clôture,

Sera puni des travaux forcés à perpétuité. — *Pr.*, 215 et s. — *I. cr.* 350 et s. — *Pén.*, 15, 18, 108 et s., 125 et s., 217.

Art. **108**. — Sera aussi puni des travaux forcés à perpétuité, tout fonctionnaire ou officier public qui, en rédigeant des actes de son ministère en aura frauduleusement dénaturé la substance ou les circonstances, soit en écrivant des conventions autres que celles qui auraient été tracées ou dictées par les parties, soit en constatant comme vrais des faits faux, ou comme avoués des faits qui ne l'étaient pas. — *Pén.*, 15, 18, 110 et s., 125 et s.

Art. **109**. — Seront punies des travaux forcés à temps, toutes autres personnes qui auront commis un faux en écriture authentique ou publique, ou en écriture de commerce ou de banque,

Soit par contrefaçon ou altération d'écritures ou de signatures ; soit par fabrication de conventions, dispositions, obligations ou décharges, ou par leur insertion après coup dans ces actes ; soit par addition ou altération de clauses, de déclarations ou de faits que ces actes avaient pour objet de recevoir et de constater. — *Civ.*, 1102. — *Com.*, 8 et s.

Art. **110**. — Dans tous les cas exprimés au présent paragraphe, celui qui aura fait usage des actes faux sera puni des travaux forcés à temps. — *Pén.*, 15, 19, 33, 110, 125.

Art. **111**. — Sont exceptés des dispositions ci-dessus, les faux commis dans les passe-ports et feuilles de route, sur lesquels il sera particulièrement statué ci-après. — *Pén.*, 115, 120.

§ IV

Du faux en écriture privée.

Art. **112**. — Tout individu qui aura, de l'une des manières exprimées en l'article 109, commis un faux en écriture privée, sera puni de la réclusion.

Art. **113**. — Sera puni de la même peine, celui qui aura fait usage de la pièce fausse.

Art. **114**. — Sont exceptés des dispositions ci-dessus, les faux certificats de l'espèce dont il sera ci-après parlé.

§ V

Des faux commis dans les passe-ports, feuilles de route et certificats.

Art. **115**. — Quiconque fabriquera un faux passe-port, ou falsifiera un passe-port originairement véritable, ou fera usage d'un passe-port fabriqué ou falsifié, sera puni d'un emprisonnement d'une année au moins, et de trois ans au plus. — *Pén.*, 26, 34, 120, 125, 237, 282.

Art. **116**. — Quiconque prendra, dans un passe-port,

un nom supposé, ou aura concouru, comme témoin, à faire délivrer le passe-port sous le nom supposé, sera puni d'un emprisonnement de trois mois à un an.

Les logeurs et aubergistes qui sciemment inscriront sur leurs registres, sous des noms faux ou supposés, les personnes logées chez eux, seront punis d'un emprisonnement de six jours au moins, et d'un mois au plus. — *Pén.*, 26 et s., 394.

Art. **117**. — Les officiers publics qui délivreront un passe-port à une personne qu'ils ne connaîtront pas personnellement, sans avoir fait attester ses noms et qualités par deux citoyens à eux connus, seront suspendus de six jours à six mois. — *Pén.*, 26, et s., 125 et s.

Si l'officier public, instruit de la supposition du nom, a néanmoins délivré le passe-port sous le nom supposé, il sera puni de la réclusion. — *Pén.*, 30, 125 et s.

Art. **118**. — Quiconque fabriquera une fausse feuille de route, ou falsifiera une feuille de route originairement véritable, ou fera usage d'une feuille de route fabriquée ou falsifiée, sera puni, savoir :

D'un emprisonnement d'une année au moins, et de trois ans au plus, si la fausse feuille de route n'a eu pour objet que de tromper la surveillance de l'autorité publique.

De la réclusion, si le trésor public a payé au porteur de la fausse feuille des frais de route qui ne lui étaient pas dus, ou qui excédaient ceux auxquels il pouvait avoir droit.

Art. **119**. — Les peines portées en l'article précédent seront appliquées, selon les distinctions qui y sont posées, à toute personne qui se sera fait délivrer, par l'officier public, une feuille de route sous un nom supposé. — *Pén.*, 116.

Art. 120. — Si l'officier public était instruit de la supposition de nom, lorsqu'il a délivré la feuille, il sera puni, savoir :

Dans le premier cas posé par l'article 118, de la destitution. — *Pén.*, 30.

Et dans le second cas du même article, de la réclusion. — *Pén.*, 33.

Art. 121. — Toute personne qui, pour se rédimer elle-même ou affranchir une autre d'un service public quelconque, fabriquera, sous le nom d'un médecin, chirurgien ou autre officier de santé, un certificat de maladie ou d'infirmité, sera punie d'un emprisonnement d'un an à trois ans. — *Pén.*, 26 et s., 262, 323.

Art. 122. — Tout médecin, chirurgien ou autre officier de santé qui, pour favoriser quelqu'un, certifiera faussement des maladies ou infirmités propres à dispenser d'un service public, sera puni d'un emprisonnement d'un an à trois ans. — *Pén.*, 26 et s., 262, 323.

S'il y a été mu par dons ou promesses, il sera puni de la dégradation civique. — *Pén.*, 23, 137 et s.

Art. 123. — Quiconque fabriquera, sous le nom d'un fonctionnaire ou officier public, un certificat de bonne conduite, indigence, ou autres circonstances propres à appeler la bienveillance du Gouvernement ou des particuliers sur la personne y désignée, et à lui procurer places, crédit ou secours, sera puni d'un emprisonnement de six mois à deux ans. — *Pén.*, 26 et s., 124 et 125.

La même peine sera appliquée :

1° A celui qui falsifiera un certificat de cette espèce,

originairement véritable, pour l'approprier à une personne autre que celle à laquelle il a été primitivement délivré ;

2° A tout individu qui se sera servi du certificat ainsi fabriqué ou falsifié. — *Pén.*, 110, 113.

Art **124**. — Les faux certificats de toute autre nature, et d'où il pourrait résulter soit lésion envers des tiers, soit préjudice envers le trésor public, seront punis selon qu'il y aura lieu, d'après les dispositions des paragraphes III et IV de la présente section.

Dispositions communes.

Art. **125**. — L'application des peines portées contre ceux qui ont fait usage des monnaies, billets, sceaux timbres, marteaux, poinçons, marques et écrits faux, contrefaits, fabriqués ou falsifiés, cessera toutes les fois que le faux n'aura pas été connu de la personne qui aura fait usage de la chose fausse. — *Pén.*, 97, 126.

Art. **126**. — Dans tous les cas où la peine du faux est appliquée, il sera prononcé contre les coupables une amende dont le *maximum* pourra être porté jusqu'au quart du bénéfice illégitime que le faux aura procuré, ou était destiné à procurer aux auteurs du crime, à leurs complices ou à ceux qui ont fait usage de la chose fausse. Le *minimum* de cette amende ne pourra être inférieur à vingt-quatre gourdes. — *Pén.*, 10, 36, 44.

Actuellement DOUZE PIASTRES. *(Loi du 10 août 1877, qui règle en monnaie forte les amendes, etc.)*

SECTION II

De la forfaiture et des délits des fonctionnaires publics dans l'exercice de leurs fonctions.

Art. **127**. — Tout crime commis par un fonctionnaire public dans l'exercice de ses fonctions, est une forfaiture. — *I. cr.*, 380 et s. — *Pén.*, 90, 95, 144.

Art. **128**. — Toute forfaiture, pour laquelle la loi ne prononce pas de peines plus graves, est punie de la dégradation civique. — *Pén.*, 23.

Art. **129**. — Les simples délits ne constituent pas les fonctionnaires publics. — *Pr.*, 438 et s. — *I. cr.*, 155, 380.

PARAGRAPHE PREMIER

Des soustractions commises par les fonctionnaires publics.

Art. **130**. — Tout percepteur, tout commis à une perception, dépositaire ou comptable public, qui aura détourné ou soustrait des deniers publics ou privés, ou effets actifs en tenant lieu, ou des pièces, titres, actes, effets mobiliers qui étaient entre ses mains en vertu de ses fonctions, sera puni des travaux forcés à temps, si les choses détournées ou soustraites sont d'une valeur au-dessus de mille gourdes. Il sera, de plus, déclaré à jamais incapable d'exercer aucune fonction publique: *Civ.*, — 1826-3°-4° 1869-7°. — *Pr.*, 133, 458. — *Pén.*, 15, 19, 33, 131, 340.

Valeur actuelle : CENT PIASTRES. *(Loi du 10 août 1877, qui règle en monnaie forte, etc. Art. 3)*

Art. **131**. — La peine des travaux forcés à temps aura lieu également, quelle que soit la valeur des deniers ou des effets détournés ou soustraits, si cette valeur égale ou excède, soit le tiers de la recette ou du dépôt, s'il s'agit de deniers ou effets une fois reçus ou déposés, soit le cautionnement, s'il s'agit d'une recette ou d'un dépôt attaché à une place sujette à cautionnement, soit enfin le tiers du produit commun de la recette pendant un mois, s'il s'agit d'une recette composée de rentrées successives et non sujette à cautionnement.

Art. **132**. — Si les valeurs détournées ou soustraites sont au-dessous de mille gourdes, et en outre inférieures aux mesures exprimées en l'article précédent, la peine sera un emprisonnement d'un an au moins et de trois ans au plus ; et le condamné sera, de plus, déclaré à jamais incapable d'exercer aucune fonction publique.

Valeur actuelle : CENT PIASTRES. *(Loi citée dans l'article 130.)*

Art. **133**. — Dans les cas exprimés aux trois articles précédents, il sera toujours prononcé contre le condamné une amende dont le *maximum* sera le quart des restitutions et indemnités, et le *minimum* le douzième. — *Pén*, 10, 36, 340.

Art. **134**. — Tout juge, administrateur, fonctionnaire ou officier public qui aura détruit, supprimé, soustrait ou détourné les actes et titres dont il était dépositaire en cette qualité, qui lui auront été remis ou communiqués à raison de ses fonctions, sera puni des travaux forcés à temps. — *I. cr.*, 380 et s.

Tous agents, préposés ou commis soit du Gouvernement, soit des dépositaires publics, qui se seront rendus coupables des mêmes soustractions, seront soumis à la même peine.

§ II

Des concussions commises par les fonctionnaires publics.

Art. **135**. — Tous fonctionnaires, tous officiers publics, leurs commis ou préposés, tous percepteurs des droits, taxes, contributions, deniers, revenus publics ou communaux, et leurs commis ou préposés, qui se seront rendus coupables du crime de concussion en ordonnant de percevoir ou en exigeant ou recevant ce qu'ils savaient n'être pas dû, ou excéder ce qui était dû pour droits, taxes, contributions, deniers ou revenus, ou pour salaires ou traitements, seront punis, savoir : les fonctionnaires ou les officiers publics, de la réclusion ; et leurs commis ou préposés, d'un emprisonnement d'un an au moins et de trois ans au plus.

Les coupables seront, de plus, condamnés à une amende dont le *maximum* sera le quart des restitutions et des dommages-intérêts, et le *minimum* le douzième.

§ III

Des délits des fonctionnaires qui se sont ingérés dans des affaires incompatibles avec leur qualité.

Art. **136**. — Tout fonctionnaire, soit civil, soit militaire, tout officier public, tout agent du Gouvernement, qui, soit ouvertement, soit par actes simulés, soit par interposition de personnes, aura pris ou reçu quelque intérêt que ce soit, dans les actes, adjudications, entreprises ou régies dont il a ou avait, au temps de l'acte, en tout ou en partie, l'administration ou la surveillance, sera puni d'un emprisonnement de trois mois au moins, et d'un an au plus, et sera condamné à une amende qui ne pourra excéder le quart des restitutions et indemnités, ni être au-dessous du douzième. — *Civ.*, 739.

Il sera de plus puni de la destitution. — *Pén.*, 28, 30.

La présente disposition est applicable à tout fonctionnaire ou agent du Gouvernement qui aura pris un intérêt quelconque dans une affaire dont il était chargé d'ordonnancer le paiement ou de faire la liquidation.

§ IV

De la corruption des fonctionnaires publics.

Art. **137**. — *Ainsi modifié par la loi du 26 septembre 1895.*

Tout fonctionnaire public de l'ordre administratif, judiciaire ou militaire, tout agent ou préposé d'une administration publique qui aura agréé des offres ou promesses, ou reçu des dons ou promesses pour faire un acte de sa fonction ou de son emploi, même juste, mais non sujet à salaire, sera puni de la dégradation civique et condamné à une amende double de la valeur de la promesse agréée ou des choses reçues, sans que la dite amende puisse être inférieure à *cinquante piastres*.

Art. **138**. — La précédente disposition est applicable à tout fonctionnaire, agent ou préposé, de la qualité ci-dessus exprimée, qui, par offres ou promesses agréées, dons ou présents reçus, se sera abstenu de faire un acte qui entrait dans l'ordre de ses devoirs.

Art. **139**. — Dans le cas où la corruption aurait pour objet un fait criminel, elle sera punie de la même peine que ce fait. — *Pén.*, 137.

Art. **140**. — Quiconque aura contraint ou tenté de contraindre par voies de fait ou menaces, corrompu ou tenté de corrompre par promesses, offres, dons ou présents, un fonctionnaire, agent ou préposé, de la qualité exprimée en l'article 137, pour obtenir, soit une opinion favorable, soit des procès-verbaux, états, certificats ou estimations contraires à la vérité, soit des places, emplois, adjudications, entreprises ou autres bénéfices quelconques, soit enfin tout autre acte du ministère du fonctionnaire, agent ou préposé, sera puni d'un emprisonnement d'un an à trois ans.

Art. **141**. — Il ne sera jamais fait au corrupteur, restitution des choses par lui livrées, ni de leur valeur : elles seront confisquées au profit de la caisse publique.

Art. **142**. — Si c'est un juge prononçant en matiére criminelle, ou un juré qui s'est laissé corrompre, soit en faveur, soit au préjudice de l'accusé, il sera puni de la réclusion, outre l'amende ordonnée par l'article 137. — *Pén.*, 10, 20 et s., 33, 36.

Art. **143**. — Si, par l'effet de la corruption, il y a eu condamnation à une peine supérieure à celle de la réclusion, cette peine, quelle qu'elle soit, sera appliquée au juge ou juré coupable de corruption.

Art. **144**. — Tout juge ou autorité administrative, qui se sera décidé par faveur pour une partie, ou par inimitié contre elle, sera coupable de forfaiture et puni de la dégradation civique. — *Pén.*, 23, 90, 95, 127 et s.

§ V

Des abus d'autorité.

Première Classe

Des abus d'autorité contre les particuliers.

Art. **145**. — Tout juge, tout officier du ministère public, tout administrateur ou tout autre officier de justice ou de police, qui se sera introduit dans le domicile d'un citoyen, hors les cas prévus par la loi et sans les formalités qu'elle a prescrites, sera puni d'une amende de seize gourdes au moins et de quarante-huit gourdes au plus. — *Const.*, 16. — *Pén.*, 36.

Amende actuelle : QUATRE PIASTRES *au moins et* DOUZE PIASTRES *au plus.*

Art. **146**. — Tout juge ou tribunal qui, sous quelque prétexte que ce soit, même du silence ou de l'obscurité de la loi, aura dénié de rendre la justice qu'il doit aux parties, après en avoir été requis, et qui aura persévéré dans son déni, après avertissement ou injonction de ses supérieurs, pourra être poursuivi, et sera puni d'une amende de quarante-huit gourdes au moins et de quatre-vingt-seize gourdes au plus, et de l'interdiction des fonctions publiques depuis un an jusqu'à cinq. — *Civ.*, 9. — *Pr.*, 438 et s. — *Pén.*, 190, — 13°.

Amende actuelle : DOUZE PIASTRES *au moins et* VINGT-QUATRE PIASTRES *au plus. (Loi citée dans l'article précédent.)*

Art. **147.** — Lorsqu'un fonctionnaire ou un officier public, ou un administrateur, un agent ou un préposé du Gouvernement, ou de la police, un exécuteur des mandats de justice ou de jugements, un commandant en chef, ou en sous-ordre, de la force publique, aura, sans motif légitime, usé ou fait user de violence envers les personnes, dans l'exercice ou à l'occasion de l'exercice de ses fonctions, il sera puni, selon la nature et la gravité de ses violences, et en élevant la peine, suivant la règle posée en l'article 159 ci-après.

Art. **148.** — Toute suppression, toute ouverture de lettres confiées à la poste, commise ou facilitée par un fonctionnaire ou un agent du Gouvernement ou de l'administration des postes, sera puni d'une amende de seize gourdes à soixante-quatre gourdes. Le coupable, sera, de plus, interdit de toute fonction ou emploi publics, pendant un an au moins et trois ans au plus. — *Const.*, 29.

Amende actuelle : QUATRE PIASTRES *au moins et* SEIZE PIASTRES *au plus. (Loi du 10 Août 1877, qui règle en monnaie forte les amendes, etc.)*

DEUXIÈME CLASSE

Des abus d'autorité contre la chose publique.

Art. **149.** — Tout fonctionnaire public, soit civil, soit militaire, tout agent ou préposé du Gouvernement, de quelque état et grade qu'il soit, qui aura requis ou ordonné, fait requérir ou ordonner l'action ou l'emploi de la force publique contre l'exécution d'une loi ou contre la perception d'une contribution légale, ou contre l'exécution, soit d'une ordonnance ou mandat de justice, soit de tout autre ordre émané de l'autorité légitime, sera destitué et condamné à un emprisonnement de trois ans.

Si cette réquisition ou cet ordre ont été suivis de leur effet, la peine sera de la réclusion.

Art. **150**. — Tout fonctionnaire public, soit civil, soit militaire, tout agent ou préposé du Gouvernement de quelque état et grade qu'il soit qui aura enfreint ou laissé enfreindre une loi qu'il était, par la nature de ses fonctions ou emploi, spécialement appelé à exécuter ou faire exécuter, sera puni des peines suivantes :

1° De la destitution et de six mois à une année d'emprisonnement, lorsqu'il s'agira de lois spéciales portant des prescriptions pour la garantie de la bonne gestion de la fortune publique ;

2° De trois à six mois d'emprisonnement lorsqu'il s'agira de toutes autres lois dont l'infraction n'est pas déjà punie par le présent Code. Le tout sans préjudice des réparations et dommages-intérêts auxquels l'infraction aura pu donner lieu.

Art. **151**. — Les peines énoncées aux articles 149 et 150 ne cesseront d'être applicables aux fonctionnaires ou préposés qui auraient agi par ordre de leurs supérieurs, qu'autant que cet ordre aura été donné par ceux-ci pour des objets de leur ressort, et sur lesquels il leur était dû obéissance hiérarchique ; dans ce cas, les peines portées ci-dessus ne seront appliquées qu'aux supérieurs qui les premiers auront donné cet ordre.

Art. **152**. — Si, par suite desdits ordres ou réquisitions, il survient d'autres crimes punissables de peines plus fortes que celles exprimées aux articles 149 et 150, ces peines plus fortes seront appliquées aux fonctionnaires, agents ou préposés coupables d'avoir donné lesdits ordres ou fait lesdites réquisitions. — *Pén.*, 177, 214, 223.

§ VI

De quelques délits relatifs à la tenue des actes de l'état civil.

Art. **153**. — Les officiers de l'état civil qui auront inscrit leurs actes sur de simples feuilles volantes, seront punis d'un emprisonnement d'un mois au moins et de trois mois au plus, et d'une amende de seize à quarante-huit gourdes. — *Civ.*, 41, 53. — *Pén.*, 160.

Amende actuelle : QUATRE PIASTRES *à* DOUZE PIASTRES. *(Loi du 10 Août 1877, qui règle en monnaie forte les amendes, etc.)*

Art. **154**. — Lorsque, pour la validité d'un mariage, la loi prescrit le consentement des pères, mères ou autres personnes, et que l'officier de l'état civil ne se sera point assuré de l'existence de ce consentement, il sera puni d'une amende de seize gourdes à soixante-quatre gourdes, et d'un emprisonnement de six mois au moins et d'un an au plus. — *Civ.*, 72, 74, 136 et s., 168.

Amende actuelle : QUATRE PIASTRES *à* SEIZE PIASTRES. *(Loi du 10 Août 1877, qui règle en monnaie forte les amendes, etc.)*

Art. **155**. — L'officier de l'état civil sera aussi puni de seize gourdes à soixante-quatre gourdes d'amende, lorsqu'il aura reçu, avant le terme prescrit par l'article 213 du Code civil, l'acte de mariage d'une femme ayant déjà été mariée. — *Civ.*, 174, 180, 234, 293, 327. — *Pén.*, 156, 288.

Amende actuelle : QUATRE PIASTRES *à* SEIZE PIASTRES. *(Voir Loi citée à l'article précédent.)*

Art. **156**. — Les peines portées aux articles précédents contre les officiers de l'état civil, leur seront appliquées, lors même que la nullité de leurs actes n'aurait pas été demandée ou aurait été couverte ; le tout sans préjudice des peines plus fortes prononcées en cas de collusion, et sans préjudice aussi des autres dispositions pénales de la loi n° 6 du Code civil *sur le Mariage.*

§ VII

De l'exercice de l'autorité publique illégalement anticipé ou prolongé.

Art. **157.** — Tout fonctionnaire public qui sera entré en exercice de ses fonctions, sans avoir prêté le serment prescrit par la loi, pourra être poursuivi, et sera puni d'une amende de seize gourdes à soixante-quatre gourdes. — *I. cr.*, 380 et s. — *Pén.*, 217 et s.

Amende actuelle : QUATRE PIASTRES *à* SEIZE PIASTRES. *(Loi du 10 Août 1877, qui règle en monnaie forte les amendes.)*

Art. **158.** — Tout fonctionnaire, soit civil, soit militaire, révoqué, destitué, suspendu ou interdit légalement, qui, après en avoir eu la connaissance officielle, aura continué l'exercice de ses fonctions, ou qui, étant électif ou temporaire, les aura exercées après avoir été remplacé, sera puni d'un emprisonnement de six mois au moins et de deux ans au plus, et d'une amende de vingt-quatre gourdes à quatre-vingt-seize gourdes. Il sera interdit de l'exercice de toute fonction publique pour un an au moins et trois ans au plus, à compter du jour où il aura subi sa peine ; le tout sans préjudice des plus fortes peines portées contre les officiers ou les commandants militaires, par l'article 70 du présent Code.

Amende actuelle : SIX PIASTRES *à* VINGT-QUATRE PIASTRES. *(Loi du 10 Août 1877 citée à la note de l'article précédent.)*

Dispositions particulières

Art. **159.** — Hors les cas où la loi règle spécialement les peines encourues pour crimes ou délits commis par les fonctionnaires ou officiers publics, soit civils, soit militaires. ceux d'entre eux qui auront participé à d'autres crimes ou délits qu'ils étaient chargés de surveiller ou de réprimer, seront punis comme il suit :

S'il s'agit d'un délit de police correctionnelle, ils subiront toujours le *maximum* de la peine attachée à l'espèce de délit ;

Et s'il s'agit de crimes emportant peine afflictive, ils seront condamnés, savoir :

Aux travaux forcés à temps, si le crime emporte, contre tout autre coupable, la peine des travaux forcés à temps.

Au-delà des cas qui viennent d'être exprimés, la peine commune sera appliquée sans aggravation.

SECTION III

Des troubles apportés à l'ordre public par les ministres des cultes dans l'exercice de leur ministère.

PARAGRAPHE PREMIER

Des contraventions propres à compromettre l'état civil des personnes.

Art. **160.** — Tout ministre d'un culte qui procédera aux cérémonies religieuses d'un mariage, sans qu'il lui ait été justifié d'un acte de mariage préalablement reçu par les officiers de l'état civil, sera, pour la première fois, puni d'une amende de cent gourdes.

Amende actuelle : VINGT-CINQ PIASTRES. *(Loi du 10 Août 1877, qui règle en monnaie forte, les amendes etc.)*

Art. 161. — En cas de nouvelles contraventions de l'espèce exprimée en l'article précédent, le ministre du culte quiles aura commises, sera puni, savoir :

Pour la première récidive, de l'interdiction de ses fonctions pour un an au moins et trois ans au plus ;

Et pour la seconde, de l'interdiction à perpétuité.

§ II

Des critiques, censures ou provocations dirigées contre l'autorité publique dans un discours pastoral prononcé publiquement.

Art. 162. — Les ministres des cultes qui prononceront, dans l'exercice de leur ministère, et, en assemblée publique, un discours contenant la critique ou censure du Gouvernement, d'une loi, d'un arrêté du Chef de l'Etat, ou de tout autre acte de l'autorité pupublique, seront punis d'un emprisonnement de trois mois à un an.

Art. 163. — Si le discours contient une provocation directe à la désobéissance aux lois ou autres actes de l'autorité publique, ou s'il tend à soulever ou armer une partie des citoyens contre les autres, le ministre du culte qui l'aura prononcé, sera puni d'un emprisonnement d'un an à trois ans, si la provocation n'a été suivie d'aucun effet, et de la réclusion, si elle a donné lieu à désobeissance, autre toutefois que celle qui aurait dégénéré en sédition ou révolte.

Art. 164. — Lorsque la provocation aura été suivie d'une sédition ou révolte dont la nature donnera lieu contre l'un ou plusieurs des coupables à une peine plus forte que celle de la réclusion, cette peine, quelle qu'elle soit, sera appliquée au ministre coupable de la provocation,

§ III

Des critiques, censures ou provocations dirigées contre l'autorité publique dans un écrit pastoral.

Art. **165**. — Tout écrit contenant des instructions pastorales, en quelque forme que ce soit, et dans lequel un ministre de culte se sera ingéré de critiquer ou censurer le Gouvernement, soit tout acte de l'autorité publique, emportera la peine de l'emprisonnement d'un an à trois ans contre le ministre qui l'aura publié.

Art. **166**. — Si l'écrit mentionné en l'article précédent, contient une provocation directe à la désobéissance aux lois ou autres actes de l'autorité publique, ou s'il tend à soulever ou armer une partie des citoyens contre les autres, le ministre qui l'aura publié, sera puni de la réclusion.

Art. **167**. — Lorsque la provocation contenue dans l'écrit pastoral aura été suivie d'une sédition ou révolte dont la nature donnera lieu contre l'un ou plusieurs des coupables à une peine plus forte que celle de la réclurion, cette peine, quelle qu'elle soit, sera appliquée au ministre coupable de la provocation.

§ IV

De la correspondance des ministres des cultes avec des cours ou puissances étrangères, sur des matières de religion.

Art. **168**. — Tout ministre d'un culte qui aura, sur des questions ou matières religieuses, entretenu une correspondance avec une cour ou puissance étrangère, sans en avoir préalablement informé le Gouvernement, et sans avoir obtenu son autorisation, sera, pour ce seul fait, puni d'une amende de cent gourdes à cinq cents gourdes.

Amende actuelle : VINGT-CINQ PIASTRES à CENT VINGT-CINQ PIASTRES. *(Loi du 10 Août 1877, qui règle en monnaie forte les amendes, etc.)*

Art. **169**. — Si la correspondance mentionnée en l'article précédent a été accompagnée ou suivie d'autres faits contraires aux dispositions formelles d'une loi ou d'un arrêté du Chef de l'Etat, le coupable sera puni de la réclusion, à moins que la peine résultant de la nature de ces faits ne soit plus forte, auquel cas cette peine plus forte sera seule appliquée.

SECTION IV

Résistance, désobéissance et autres manquements envers l'autorité publique.

PARAGRAPHE PREMIER.

Rébellion

Art. **170**. — Toute attaque, toute résistance avec violences et voies de fait envers les officiers ministériels, la force publique, les préposés à la perception des taxes et des contributions, leurs porteurs de contraintes, les préposés des douanes, les séquestres, les officiers ou agents de la police administrative ou judiciaire, agissant pour l'exécution des lois, des ordres ou ordonnances de l'autorité publique, des mandats de justice ou jugements, est qualifié, selon les circonstances, crime ou délit de rébellion. — *Pr.*, 469. — *I. cr.*, 180. 308, — *Pén.*, 193, 324, 259, 359.

Art. **171**. — Si elle a été commise par plus de vingt personnes armées, les coupables seront punis des travaux forçés à temps ; et, s'il n'y a pas eu port d'armes, ils seront punis de la réclusion.

Art. **172**. — Si la rébellion a été commise par une réunion armée de trois personnes ou plus, jusqu'à vingt inclusivement, la peine sera la réclusion ; s'il n'y a pas eu port d'armes, la peine sera un emprisonnement de six mois au moins et de deux ans au plus.

Art. **173.** — Si la rébellion n'a été commise que par une ou deux personnes, avec armes, elle sera punie d'un emprisonnement de six mois à deux ans ; et si elle a eu lieu sans armes, d'un emprisonnement de six jours à six mois.

Art. **174.** — En cas de rébellion avec bande ou attroupement, l'article 76 du présent Code sera applicable aux rebelles sans fonctions ni emplois dans la bande, qui se seront retirés au premier avertissement de l'autorité publique, ou même depuis, s'ils n'ont été saisis que hors du lieu de la rébellion, et sans nouvelle résistance et sans armes. — *Pén.*, 361.

Art. **175.** — Toute réunion d'individus pour un crime ou un délit, est réputée réunion armée, lorsque plus de deux personnes portent des armes ostensibles. *Pén.*, 259.

Art. **176.** — Les personnes qui se trouveraient munies d'armes cachées, et qui auraient fait partie d'une troupe ou réunion non réputée armée, seront individuellement punies comme si elles avaient fait partie d'une troupe ou réunion armée.

Art. **177.** — Les auteurs des crimes et délits commis pendant le cours et à l'occasion d'une rébellion, seront punis des peines prononcées contre chacun de ces crimes, si elles sont plus fortes que celles de la rébellion.

Art. **178.** — Sera puni comme coupable de rébellion, quiconque y aura provoqué, soit par discours tenus dans des lieux ou réunions publics, soit par placards affichés, soit par écrits imprimés.

Dans le cas où la rébellion n'aurait pas eu lieu, le

provocateur sera puni d'un emprisonnement de six jours au moins et d'un an au plus. — *Pén.*, 382.

Art. **179.** — Dans tous les cas où il sera prononcé, pour fait de rébellion, une simple peine d'emprisonnement, les coupables pourront être condamnés, en outre, à une amende de seize gourdes à quarante-huit gourdes.

Amende actuelle : QUATRE PIASTRES à DOUZE PIASTRES. *(Loi du 10 Août 1877, qui règle en monnaie forte les amendes, etc.)*

Art. **180.** — Seront punies comme réunions et rébellions, celles qui auront été formées avec ou sans armes, et accompagnées de violences ou de menaces contre l'autorité publique, les officiers et les agents de police, ou contre la force publique,

1° Par les ouvriers ou journaliers, dans les ateliers publics ou manufactures ;

2° Par les individus admis dans les hospices ;

3° Par les prisonniers prévenus, accusés ou condamnés.

Art. **181.** — La peine appliquée pour rébellion à des prisonniers prévenus, accusés ou condamnés relativement à d'autres crimes ou délits, sera par eux subie, savoir :

Par ceux qui, à raison des crimes ou délits qui ont causé leur détention, sont ou seraient condamnés à une peine non capitale, ni perpétuelle, immédiatement après l'expiration de cette peine ;

Et par les autres, immédiatement après l'arrêt ou jugement en dernier ressort, qui les aura acquittés ou renvoyés absous du fait pour lequel ils étaient détenus.

Art. **182.** — Les chefs d'une rébellion et ceux qui l'auront provoquée, pourront être condamnés à rester après l'expiration de leur peine, sous la surveillance spéciale de la haute police de l'Etat, pendant un an au moins et trois ans au plus.

§ II

Outrages, violences envers les dépositaires de l'autorité et de la force publique.

Art. **183**. — Lorsqu'un ou plusieurs magistrats de l'ordre administratif ou judiciaire, ou le commandant d'une commune, auront reçu, dans l'exercice de leurs fonctions, ou à l'occasion de cet exercice, quelque outrage, par paroles ou par écrit, tendant à inculper leur honneur ou leur délicatesse, celui qui les aura ainsi outragés sera puni d'un emprisonnement de trois mois à un an.

Art. **184**. — L'outrage fait, par gestes ou menaces, à un magistrat ou au commandant d'une commune, dans l'exercice ou à l'occasion de l'exercice de ses fonctions, sera puni d'un emprisonnement d'un mois à un an. — *Pén.*, 221.

Art. **185**. — L'outrage fait par paroles, gestes ou menaces, à tout officier ministériel, ou agent de la force publique, dans l'exercice ou à l'occasion de l'exercice de ses fonctions, sera puni d'une amende de seize gourdes à quarante gourdes.

Amende actuelle : QUATRE PIASTRES A DIX PIASTRES. *(Loi du 10 août 1877 qui règle en monnaie forte les amendes, etc.)*

Art. **186**. — La peine sera de six jours à un mois d'emprisonnement, si l'outrage mentionné en l'article précédent a été dirigé contre un officier commandant la force publique.

Art. **187**. — Dans les cas des articles 183 et 184, si l'outrage a été dirigé contre un grand fonctionnaire ou un membre du corps législatif, dans l'exercice de ses fonctions, ou à l'occasion de cet exercice, la peine sera d'un an à trois ans d'emprisonnement; et si les outrages ou violences ont été suivies de voies de fait, la peine sera la réclusion.

Art. **188.** — Tout individu qui, même sans armes, et sans qu'il en soit résulté de blessures, aura frappé un magistrat dans l'exercice de ses fonctions ou à l'occasion de cet exercice, sera puni d'un emprisonnement d'un an à trois ans.

Art. **189.** — Les violences de l'espèce exprimée en l'article précédent, dirigées contre un officier ministériel, un agent de la force publique, ou un citoyen chargé d'un ministère de service public, si elles ont eu lieu pendant qu'ils exerçaient leur ministère ou à cette occasion seront punies d'un emprisonnement d'un mois à six mois.

Art. **190.** — Si les violences exercées contre les fonctionnaires et agents désignés aux articles 187, 188 et 189, ont été la cause d'effusion de sang, blessures ou maladies, la peine sera, dans le cas de l'article 187. les travaux forcés à temps ; dans le cas de l'article 188, la réclusion ; dans le cas de l'article 189, l'emprisonnement d'un an à trois ans ; si la mort s'en est suivie dans les quarante jours, le coupable sera puni de la peine de mort. — *Pén.*, 12.

Art. **191.** — Dans le cas même où ces violences n'auraient pas causé d'effusion de sang, blessures ou maladie, les coups seront punis des peines prescrites par l'article précédent avec les distinctions qui y sont établies, s'ils ont été portés avec préméditation ou guet-apens. — *Pén.*, 242, 243.

Art. **192.** — Si les blessures sont du nombre de celles

qui portent le caractère de meurtre, le coupable sera puni de mort. — *Pén.*, 12, 249, 254.

§ III

Refus d'un service dû légalement.

Art. **193**. — Les lois pénales et règlements relatifs aux recrutements militaires continueront de recevoir leur exécution.

Art. **194**. — Les témoins et jurés qui auront allégué une excuse reconnue fausse, seront condamnés, outre les amendes prononcées pour la non comparution, à une amende de seize gourdes. — *I. cr.*, 67 et s., 139 et s., 165, 210, 230 et s. — *Pén.*, 36.

§ IV

Evasion de détenus, recèlement de criminels.

Art. **195**. — Toutes les fois qu'une évasion de détenus aura lieu, les huissiers, les commandants en chef ou en sous-ordre, soit de la gendarmerie, soit de la force armée servant d'escorte ou garnissant les postes, les concierges, gardiens, geôliers, et tous autres préposés à la conduite, au transport ou à la garde des détenus seront punis ainsi qu'il suit :

Art. **196**. — Si l'évadé était prévenu de délits correctionnels ou de crimes simplement infamants, ou s'il était prisonnier de guerre, les préposés à sa garde ou conduite, seront punis en cas de négligence d'un emprisonnement de six jours à deux mois ; et, en cas de connivence, d'un emprisonnement de six mois à deux ans.

Ceux qui n'étant pas chargés de la garde ou de la conduite du détenu, auront procuré ou facilité son évasion, seront punis de six jours à trois mois d'emprisonnement.

Art. **197**. — Si les détenus évadés, ou l'un d'eux.

étaient prévenus ou accusés d'un crime de nature à entraîner une peine temporaire, afflictive, ou condamnés pour l'un de ces crimes, la peine sera contre les préposés à la garde ou conduite, en cas de négligence, un emprisonnement de deux mois à six mois ; en cas de connivence, la réclusion.

Les individus non chargés de la garde des détenus, qui auront procuré ou facilité l'évasion, seront punis d'un emprisonnement de trois mois à un an. — *Pén.* 204.

Art. **198.** — Si les évadés ou l'un d'eux, sont prévenus ou accusés de crimes de nature à entraîner la peine de mort, ou des peines perpétuelles, ou s'ils sont condamnés à l'une de ces peines, leurs conducteurs ou gardiens seront punis d'un an à deux ans d'emprisonnement, en cas de négligence, et des travaux forcés à temps, en cas de connivence.

Les individus non chargés de la conduite ou de la garde, qui auront facilité ou procuré l'évasion, seront punis d'un emprisonnement d'un an au moins et de trois ans au plus.

Art. **199.** — Si l'évasion a eu lieu ou a été tentée avec violence ou bris de prison, les peines contre ceux qui l'auront favorisée en fournissant des instruments propres à l'opérer, seront, au cas que l'évadé fût de la qualité exprimée en l'article 196, trois mois à deux ans d'emprisonnement ; au cas de l'article 197, deux à cinq ans d'emprisonnement ; au cas de l'article 198, la réclusion.

Art. **200.** — Dans tous les cas ci-dessus, lorsque les tiers qui auront procuré ou facilité l'évasion, y seront parvenus en corrompant les gardiens ou geôliers, ou de connivence avec eux, ils seront punis des mêmes peines que les dits gardiens et geôliers.

Art. **201.** — Si l'évasion avec bris ou violence a été

favorisée par transmission d'armes, les gardiens et conducteurs qui y auront participé, seront punis des travaux forcés à perpétuité ; les autres personnes, des travaux forcés à temps.

Art. **202.** — Tous ceux qui auront connivé à l'évasion d'un détenu seront solidairement condamnés, à titre de dommages-intérêts, à tout ce que la partie civile du détenu aurait eu droit d'obtenir contre lui. — *Civ.*, 939, 987, 1168.

Art. **203.** — A l'égard des détenus qui se seront évadés, ou qui auront tenté de s'évader par bris de prison ou par violence, ils seront, pour ce seul fait, punis de six mois à un an d'emprisonnement, et subiront cette peine immédiatement après l'expiration de celle qu'ils auront encourue pour le crime ou le délit, à raison duquel ils étaient détenus, ou immédiatement après le jugement qui les aura acquittés ou renvoyés absous du crime ou délit : le tout sans préjudice de plus fortes peines qu'ils auraient pu encourir pour d'autres crimes qu'ils auraient commis dans leurs violences. — *I. cr.*, 270, 293.

Art. **204.** — Quiconque sera condamné, pour avoir favorisé une évasion ou des tentatives d'évasion, à un emprisonnement de plus de six mois, pourra, en outre, être mis sous la surveillance spéciale de la haute police de l'Etat, pour un intervalle de trois à neuf ans.

Art. **205.** — Les peines d'emprisonnement ci-dessus établies contre les conducteurs ou les gardiens, en cas de négligence seulement, cesseront lorsque les évadés seront repris ou représentés, pourvu que ce soit dans les quatre mois de l'évasion, et qu'ils ne soient pas arrêtés pour d'autres crimes ou délits commis postérieurement.

Art. **206.** — Ceux qui auront recélé ou fait recéler

des personnes qu'ils savaient avoir commis des crimes emportant peine afflictive, seront punis de trois mois d'emprisonnement au moins, et de deux ans au plus.

Sont exceptés de la présente disposition les ascendants ou descendants, les conjoints même divorcés, les frères ou sœurs des criminels recélés, ou leurs alliés aux mêmes degrés. — *Civ.* 589, 595. — *I. cr.*, 138. — *Pén.*, 325, 382.

§ V

Bris de scellés et enlèvement de pièces dans les dépôts publics.

Art. **207.** — Lorsque des scellés apposés, soit par ordre du gouvernement, soit par suite d'une ordonnance de justice rendue en quelque matière que ce soit, auront été brisés, les gardiens seront punis, pour simple négligence, de six jours à six mois d'emprisonnement. — *Civ.*, 1169. — *Pr.* 796 et s. — *I. cr.*, 27 et s.

Art. **208.** — Si le bris des scellés s'applique à des papiers et effets d'un individu prévenu ou accusé d'un crime emportant la peine de mort ou des travaux forcés à perpétuité, ou qui soit condamné à l'une de ces peines, le gardien négligent sera puni, de six mois à deux ans d'emprisonnement.

Art. **209.** — Quiconque aura, à dessein, brisé des scellés apposés sur des papiers ou effets de la qualité énoncée en l'article précédent, ou participé au bris des scellés, sera puni de la réclusion ; et si c'est le gardien lui-même, il sera puni des travaux forcés à temps.

Art. **210.** — A l'égard de tous autres bris de scellés, les coupables seront punis de trois mois à un an d'emprisonnement ; et si c'est le gardien lui-même, il sera puni d'un an à trois ans de la même peine. — *Pén.*, 26, 209.

Art. **211**. — Tout vol commis à l'aide d'un bris de scellés, sera puni comme vol commis à l'aide d'effraction. — *Pén.*, 7, 324, 326.

Art. **212**. — Quant aux soustractions, destructions et enlèvements de pièces ou de procédures criminelles, ou d'autres papiers, registres, actes et effets contenus dans les archives, greffes ou dépôts publics, ou remis à un dépositaire public, en cette qualité, les peines seront, contre les greffiers, archivistes, notaires ou autres dépositaires négligents, d'une amende de vingt-quatre gourdes à soixante-quatre gourdes. —*Civ.*, 1168, 1728 et s. — *I. cr.*, 410 et s. — *Pén.*, 340.

Amende actuelle : SIX PIASTRES *à* SEIZE PIASTRES. *(Loi du 10 août 1877, qui règle en monnaie forte les amendes, etc.)*

Art. **213**. — Quiconque se sera rendu coupable des soustractions, enlèvements ou destructions mentionnés en l'article précédent, sera puni de la réclusion. — *Pén.*, 340.

Si le crime est l'ouvrage du dépositaire lui-même, il sera puni des travaux forcés à temps.

Art. **214**. — Si les bris de scellés, les soustractions, enlèvements ou destruction de pièces, ont été commis avec violence envers les personnes, la peine sera, contre toute personne, celle des travaux forcés à temps, sans préjudice d'une peine plus forte, s'il y a lieu, d'après la nature des violences et des autres crimes qui y seraient joints. — *Pén.*, 223, 340.

§ VI

Dégradation de monuments.

Art. **215**. — Quiconque aura abattu, mutilé ou dégradé des monuments, statues et autres objets destinés à l'utilité ou à la décoration publique, et élevés par l'autorité publique ou avec son autorisation, sera puni d'un emprisonnement d'un mois à un an. — *Pén.*, 361.

Art. **216.** — S'il y a eu destruction, la peine sera un emprisonnement d'un an à deux ans.

§ VII

Usurpation de titres ou fonctions,

Art. **217.** — Quiconque, sans titre, se sera immiscé dans des fonctions publiques, civiles ou militaires, ou aura fait les actes d'une de ces fonctions, sera puni d'un emprisonnement d'un an à trois ans, sans préjudice de la peine de faux, si l'acte porte le caractère de ce crime.

Art. **218.** — Toute personne qui aura publiquement porté un costume, un uniforme ou une décoration qui ne lui appartenait pas, ou qui se sera attribué des titres publics, qui ne ne lui auraient pas été légalement conférés, sera punie d'un emprisonnement de trois mois à un an. — *Pén.*, 259, 291, 327.

§ VIII

Entrave au libre exercice des cultes.

Art. **219.** — Tout particulier, qui par des voies de fait ou des menaces, aura contraint ou empêché une ou plusieurs personnes d'exercer l'un des cultes autorisés, d'assister à l'exercice de ce culte, de célébrer certaines fêtes, d'observer certains jours de repos, et, en conséquence, d'ouvrir ou de fermer leurs ateliers, boutiques ou magasins, et de faire quitter certains travaux, sera puni, pour ce seul fait, d'un emprisonnement de six jours à deux mois. — *Const.*, 22.

Art. **220.** — Ceux qui auront empêché, retardé ou interrompu les exercices d'un culte par des troubles ou désordres causés dans le temple ou autre lieu destiné ou servant actuellement à ces exercices, seront punis d'un emprisonnement de six jours à trois mois.

Art. 221. — Toute personne qui aura, par paroles ou gestes, outragé les objets d'un culte dans les lieux destinés ou servant actuellement à son service, ou les ministres de ce culte dans leurs fonctions, sera puni d'un emprisonnement de quinze jours à six mois.

Art. 222. — Quiconque aura frappé le ministre d'un culte dans l'exercice de ses fonctions, sera puni de la réclusion.

Art. 223. — Les dispositions du présent paragraphe ne s'appliquent qu'aux troubles, outrages et voies de fait dont la nature et les circonstances ne donneront pas lieu à de plus fortes peines, d'après les autres dispositions du présent Code.

Section V.

§ I.

Association de malfaiteurs.

Art. 224. — Toute association de malfaiteurs envers les personnes ou les propriétés, est un crime contre la paix publique.

Art. 225. — Ce crime existe par le seul fait d'organisation de bandes ou de correspondance entre elles et leurs chefs ou commandants, ou de conventions tendant à rendré compte ou à faire distribution ou partage du produit des méfaits. — *Civ.*, 10, 730, 924, 962.

Art. 226. — Quand ce crime n'aurait été accompagné ni suivi d'aucun autre, les auteurs, directeurs de l'association et les commandants en chef ou en sous-ordre de ces bandes, seront punis des travaux forcés à temps. — *Pén.*, 361.

Art. **227**. — Seront punis de la réclusion, tous autres individus chargés d'un service quelconque dans ces bandes, et ceux qui auront sciemment et volontairement fourni aux bandes, ou à leurs divisions, des armes, munitions et instruments de crimes.

Loi du 27 octobre 1864, portant modification au Code d'instruction criminelle et au Code pénal.

CHAPITRE II.

DES MODIFICATIONS DU CODE PÉNAL.

Art. 2. — Les articles 403 et 404 du Code pénal actuellement en vigueur sont et demeurent abrogés et remplacés par les paragraphes ci-après :

La section V du chapitre III, intitulé : DES CRIMES ET DÉLITS CONTRE LA PAIX PUBLIQUE *se composera à l'avenir de quatre paragraphes.*

Le premier paragraphe aura pour titre : ASSOCIATION DE MALFAITEURS, *et restera formé des articles 224, 225, 226 et 227, sans modification.*

§ II.

Vagabondage.

« Art. **228**. — Le vagabondage est un délit. — « *I. cr.* 155.

« Art. **229**. — Les vagabonds ou gens sans aveu « sont ceux qui n'ont ni domicile certain, ni moyen « de subsistance, et qui n'exercent habituellement ni « métier, ni profession. — *Civ.*, 91, et s. — *Pr.*, 270, « 272, 278. — *I. cr.*, 97.

« Art. **230**. — Les vagabonds ou gens sans aveu « qui auront été légalement déclarés tels, seront punis « d'un emprisonnement d'un mois à six mois, par le « tribunal de simple police ; et en cas de récidive de

« six mois à deux ans, par le tribunal correctionnel ; « après avoir subi leur peine, ils seront renvoyés dans « la résidence qui leur sera fixée par le ministère « public et ils seront employés à des travaux de l'Etat. « — *Pén.*, 410.

« Art. **231**. — Les vagabonds pourront après un « jugement même passé en force de chose jugée, être « réclamés par délibération du conseil communal de la « commune où ils sont nés, ou cautionnés par un « citoyen solvable.

« Si le Gouvernement accueille la réclamation ou « agrée la caution, les individus ainsi réclamés ou « cautionnés, seront par ses ordres, renvoyés ou « conduits dans la commune qui les a réclamés, ou « dans celle qui leur sera assignée, sur la demande « de la caution..

« Art. **232**. — Les individus déclarés vagabonds par « jugement pourront, s'ils sont étrangers, être expulsés « par les ordres du Gouvernement, hors du territoire « de la République. — *I. cr.*, 155. — *Pén.*, 188, 231. »

§ III

Mendicité.

« Art. **233**. — Toute personne valide qui aura été « trouvée mendiant sera punie d'un emprisonnement « de six jours à six mois et renvoyée, après l'expi-« ration de sa peine, à la résidence qui lui sera « désignée par le ministère public.

« Art. **234**. — Tous mendiants, même invalides, qui « auront usé de menaces ou seront entrés sans per-« mission du propriétaire ou des personnes de sa « maison, soit dans une maison habitée, soit dans un « enclos en dépendant, ou qui feindront des plaies ou « infirmités, ou qui mendieront en réunion, à moins

« que ce ne soient le mari et la femme, le père ou la « mère et les jeunes enfants, l'aveugle et son con- « ducteur, seront punis d'un emprisonnement de « trois mois à un an. »

Et le quatrième paragraphe qui prendra place à la suite de l'article 234, aura pour titre : § *IV.* DISPOSITIONS COMMUNES AUX MENDIANTS ET VAGABONDS, *et sera formé des articles suivants :*

§ IV

Dispositions communes aux mendiants et vagabonds.

« Art. **235.** — Tout mendiant ou vagabond qui aura « été saisi travesti d'une manière quelconque ;

« Ou porteur d'armes, bien qu'il n'en ait usé ni « menacé ;

« Ou muni de limes, crochets ou autres instruments « propres, soit à commettre des vols ou d'autres délits, « soit à lui procurer les moyens de pénétrer dans les « maisons, sera puni d'un an à trois ans d'empri- « sonnement.

« Art. **236.** — Tout mendiant ou vagabond, qui « aura exercé quelque acte de violence que ce soit « envers les personnes, sera puni de la réclusion, « sans préjudice des peines plus fortes, s'il y a lieu, à « raison du genre et des circonstances de la violence.

« Art. **237.** — Les peines établies par le présent « Code, contre les individus porteurs de faux certi- « ficats, faux passe-ports ou fausses feuilles de route, « seront toujours, dans leur espèce, portées au « maximum. quand elles seront appliquées à des « vagabonds ou mendiants.

« Art. **238.** — Les vagabonds ou mendiants valides « qui auront subi les peines portées par les articles « précédents resteront dans la résidence qui leur aura

« été assignée, sous la surveillance de la haute police « de l'Etat, aussi longtemps qu'ils ne justifieront « d'aucun moyen d'existence ou d'une caution.

« Art. 239. — Les mendiants invalides demeureront « à la fin de ces peines, sous la surveillance spéciale « de la haute police de l'Etat, d'un an à trois ans. »

Section VI

Délits commis par la voie d'écrits, images ou gravures, distribués sans nom d'auteur, imprimeur ou graveur.(1)

Art. 228. — Toute publication ou distribution d'ouvrages, écrits, avis, bulletins, affiches, journaux, feuilles périodiques ou autres imprimés, dans lesquels ne se trouvera pas l'indication vraie des noms, profession et demeure de l'auteur ou de l'imprimeur, sera, pour ce seul fait, punie d'un emprisonnement de six jours à six mois, contre toute personne qui aura sciemment contribué à la publication ou distribution.

Art. 229. — Cette disposition sera réduite à des peines de simple police :

1° A l'égard des crieurs, afficheurs, vendeurs ou distributeurs qui auront fait connaître la personne de laquelle ils tiennent l'écrit imprimé.

2° A l'égard de quiconque aura fait connaître l'imprimeur ;

3° A l'égard même de l'imprimeur qui aura fait connaître l'auteur.

Art. 230. — Si l'écrit imprimé contient quelques provocations à des crimes ou délits, les crieurs, afficheurs, vendeurs et distributeurs seront punis comme

(1) Voy. *Recueil de Lois Usuelles de la République d'Haiti*, par Gustave Chaumette (1re partie) ; 1° Loi du 4 septembre 1870 sur le mode de procéder devant les tribunaux correctionnels en matière de délits politiques et de presse : — 2° Loi du 28 octobre 1885, sur la Presse.

complices des provocateurs, à moins qu'ils n'aient fait connaître ceux dont ils tiennent l'écrit contenant la provocation.

En cas de révélation, ils n'encourront qu'un emprisonnement de six jours à trois mois, et la peine de complicité ne restera applicable qu'à ceux qui n'auront point fait connaître les personnes dont ils auront reçu l'écrit imprimé et à l'imprimeur s'il est connu.

Art. 231. — Dans tous les cas ci-dessus, il y aura confiscation des exemplaires saisis.

Art. 232. — Toute introduction, exposition ou distribution de chansons, pamphlets, livres, figures ou images contraires aux bonnes mœurs, sera punie d'un emprisonnement d'un mois à un an, et de la confiscation des planches et des exemplaires imprimés ou gravés des chansons, figures ou autres objets du délit. — *Pén.* 278, 396-3°.

Art. 233. — La peine d'emprisonnement sera réduite à une peine de simple police :

1° A l'égard des crieurs, vendeurs, ou distributeurs qui auront fait connaître la personne qui leur aura remis l'objet du délit ;

2° A l'égard de quiconque aura fait connaître l'imprimeur ou le graveur ;

3° A l'égard même de l'imprimeur ou du graveur qui auront fait connaître l'auteur ou la personne qui les aura chargés de l'impression ou de la gravure.

Art. 234. — Dans tous les cas exprimés en la présente section, et où l'auteur sera reconnu, il subira le *maximum* de la peine attachée à l'espèce du délit.

Disposition particulière

Art. 235. — Tout individu qui, sans y avoir été autorisé par le juge de paix, fera le métier de crieur ou afficheur d'écrits imprimés, dessins ou gravures, même munis des noms d'auteur, imprimeur, dessinateur ou graveur, sera puni d'un emprisonnement de six jours à deux mois.

Section VII

Des associations ou réunions illicites.

Art. **236**. — Nulle association de plus de vingt personnes, dont le but sera de se réunir tous les jours, ou à certains jours marqués, pour s'occuper d'objets religieux, littéraires, politiques ou autres, ne pourra se former qu'avec l'agrément du Gouvernement, et sous les conditions qu'il plaira à l'autorité publique d'imposer à la société.

Dans le nombre de personnes indiqué par le présent article, ne sont pas comprises celles domiciliées dans la maison où l'association se réunit. — *Civ.*, 91 et s.

Art. **237**. — Toute association de plus de vingt personnes, de la nature de celle ci-dessus exprimée, qui se sera formée sans autorisation, ou qui, après l'avoir obtenue, aura enfreint les conditions à elle imposées, sera dissoute.

Les chefs, directeurs ou administrateurs de l'association, seront en outre punis d'une amende de seize gourdes à quarante-huit gourdes.

Amende actuelle : QUATRE PIASTRES *à* DOUZE PIASTRES. (*Loi du 10 août 1877, qui règle en monnaie forte les amendes, etc.*)

Art. **238**. — Si, par discours, exhortations, invocations ou prières, en quelque langue que ce soit, ou par lecture, affiche, publication ou distribution d'écrits quelconques, il a été fait, dans ces assemblées, quelque provocation à des crimes ou à des délits, la peine sera de trois mois à un an d'emprisonnement, contre les chefs, directeurs et administrateurs de ces associations, sans préjudice des peines plus fortes qui seraient portées par la loi contre les individus personnellement coupables de la provocation, lesquels, en aucun cas, ne pourront être punis d'une peine moindre que celle infligée aux chefs, directeurs et administrateurs de l'association.

Art. **239.** — Tout individu qui aura accordé ou consenti l'usage de sa maison ou de son appartement, en tout ou en partie. pour la réunion des membres d'une association non autorisée, de plus de vingt personnes, et de la nature de celle exprimée en l'art. 236, sera punie d'une amende de seize à quarante gourdes.

Amende actuelle : QUATRE PIASTRES *à* DIX PIASTRES. (*Loi du 10 août 1877, qui règle en monnaie forte les amendes, etc.*)

TITRE II

CRIMES ET DÉLITS CONTRE LES PARTICULIERS

CHAPITRE PREMIER

CRIMES ET DÉLITS CONTRE LES PERSONNES

SECTION PREMIÈRE

Meurtres et autres crimes capitaux ; menaces d'attentats contre les personnes.

PARAGRAPHE PREMIER

Meurtre, assassinat, parricide, infanticide, empoisonnement.

Art. **240.** — L'homicide commis volontairement est qualifié *meurtre*. — *Pén.*, 241, 249, 264, 266, 272 et s.

Art. **241.** — Tout meurtre commis avec préméditation ou guet-apens, est qualifié *assassinat*. — *Pén.*, 240, 242 à 244, 249 et s., 256, 268.

Art. **242.** — La préméditation consiste dans le dessein formé, avant l'action, d'attenter à la personne d'un individu déterminé, ou même de celui qui sera trouvé ou rencontré, quand même ce dessein serait dépendant de quelque circonstance ou de quelque condition.

Art. **243.** — Le guet-apens consiste à attendre plus ou moins de temps, dans un ou divers lieux, un individu, soit pour lui donner la mort, soit pour exercer sur lui des actes de violence,

Art. **244.** — Est qualifié *parricide*, le meurtre des père ou mère légitimes ou naturels, ou de tout autre ascendant légitime ou naturel. — *Pén.,* 240, 247, 268.

Art. **245.** — Est qualifié *infanticide* le meurtre d'un enfant nouveau-né. — *Pén.*, 240, 247.

Art. **246**, *ainsi modifié par la loi du 27 octobre 1864*. — Est qualifié *empoisonnement*, tout attentat à la vie d'une personne, par l'effet de substances qui peuvent donner la mort plus ou moins promptement, de quelque manière que ces substances aient été employées ou administrées, et quelles qu'en aient été les suites. — *Pén.,* 240, 241, 247, 262 et s., 332, 372.

Est aussi qualifié attentat à la vie d'une personne, par empoisonnement, l'emploi qui sera fait contre elle de substances qui, sans donner la mort, auront produit un état léthargique plus ou moins prolongé, de quelque manière que ces substances aient été employées et quelles qu'en aient été les suites.

Si, par suite de cet état léthargique, la personne a été inhumée, l'attentat sera qualifié assassinat. — *Pén.*, 241 et s.

Art. **247.** — Tout coupable d'assassinat, de parricide, d'infanticide ou d'empoisonnement sera puni de mort. — *Pén.,* 12, 241, 244, et s., 258.

Art. **248.** — Seront punis comme coupables d'assassinat, tous malfaiteurs, quelle que soit leur dénomination, qui, pour l'exécution de leurs crimes, emploient des tortures, ou commettent des actes de barbarie. — *Pén.*, 241, 247, 291.

Art. **249.** — Le meurtre emportera la peine de mort, lorsqu'il aura précédé, accompagné ou suivi un autre crime ou délit.

En tout autre cas, le coupable de meurtre sera puni de la peine des travaux forcés à perpétuité. — *Pén.*, 15 et s.

§ II

Menaces

Art. **250.** — Quiconque aura menacé par écrit anonyme ou signé, d'assassinat, d'empoisonnement, ou de tout autre attentat contre les personnes, qui serait punissable de la peine de mort ou des travaux forcés à perpétuité, sera puni de la peine des travaux forcés à temps, dans le cas où la menace aura été faite avec ordre de déposer une somme d'argent dans un lieu indiqué, ou de remplir toute autre condition. — *Pén.*, 15, 19 et s., 240 et s., 251, 258 et s.

Art. **251.** — Si cette menace n'a été accompagnée d'aucun ordre ou condition, la peine sera d'un emprisonnement d'un an au moins, et de trois ans au plus.

Art. **252.** — Si la menace faite avec ordre ou sous condition, a été verbale, le coupable sera puni d'un emprisonnement de trois mois à un an.

Art. **253.** — Dans les cas prévus par les deux articles précédents, le coupable pourra de plus être mis, par le jugement, sous la surveillance spéciale de la haute police de l'Etat, pour trois ans au moins et neuf ans au plus. — *Pén.*, 31, 34, 258.

Section II

Blessures et coups volontaires non qualifiés meurtre. et autres crimes et délits volontaires.

Art. **254**, *ainsi modifié par la loi du 27 juillet 1878.* — Sera puni de la réclusion, tout individu qui, volontairement, aura fait des blessures ou porté des coups, s'il est résulté de ces sortes de violences, une maladie ou incapacité de travail personnel pendant plus de vingt jours. — *Pén.,* 20, 255 et s, 266.

Si les coups ou les blessures faites volontairement, mais sans intention de donner la mort, l'ont occasionnée, le coupable sera puni des travaux forcés à temps.

Art. **255**, *également modifié comme suit par la loi du 27 juillet 1878.* — Lorsqu'il y aura eu préméditation ou guet-à-pens, la peine sera, si la mort s'en est suivie, celle des travaux forcés à perpétuité ; et si la mort ne s'en est pas suivie, celle des travaux forcés à temps. — *Pén.*, 15, 18, 242, 243, 254 et s.

Art. **256**, *également modifié de la manière suivante par la loi citée à l'article précédent.* — Lorsque les blessures ou les coups dont il sera résulté des contusions, n'auront occasionné aucune maladie ni incapacité de travail personnel de l'espèce mentionnée en l'article 254, le coupable sera puni d'un emprisonnement d'un mois à un an.

Si les coups sont portés au visage, le coupable sera puni d'un emprisonnement de six mois à deux ans.

S'il y a eu préméditation ou guet-à-pens, l'emprisonnement sera, dans le premier cas, de trois mois à trois ans, et dans le second cas, de un an à trois ans.— *Pén.*, 242, 243, 255, 257 et s.

Art. **257**. — Dans les cas prévus par les articles

254, 255 et 256, si le coupable a commis le crime envers ses père ou mère légitimes ou naturels, ou autres ascendants légitimes ou naturels, il sera puni ainsi qu'il suit ;

Si l'article auquel le cas se référera prononce l'emprisonnement, le coupable subira la peine de la réclusion ;

Si l'article prononce la peine de la réclusion, il subira celle des travaux forcés à temps;

Si l'article prononce la peine des travaux forcés à temps, il subira celle des travaux forcés à perpétuité.

Art. **258.** — Les crimes et les délits prévus dans la présente section, et dans la section précédente, s'ils sont commis en réunion séditieuse, avec rébellion ou pillage, sont imputables aux chefs, auteurs, instigateurs et provocateurs de ces réunions, rébellions ou pillages, qui seront punis comme coupables de ces crimes ou de ces délits, et condamnés aux mêmes peines que ceux qui les auront personnellement commis. — *Pén.*, 73, 170 et s., 361 et s.

Art. **259.** — Tout individu qui aura fabriqué, introduit ou débité des stylets, tromblons ou quelques espèces que ce soit d'armes prohibées par la loi ou par des règlements d'administration publique, sera puni d'un emprisonnement de six jours à six mois. (1)

Celui qui sera porteur des dites armes, sera puni d'une amende de seize gourdes à quarante-huit gourdes. (*a*) Dans l'un et l'autre cas, les armes seront confisquées.

(1) Voy. *Recueil de Lois Usuelles de la République d'Haïti*, par Gustave Chaumette (1re partie). Loi du 9 décembre 1879, qui prohibe l'importation d'armes, munitions, poudres, etc.

Le tout sans préjudice de plus forte peine, s'il y échet, en cas de complicité de crime.

(a) *Amende actuelle :* HUIT PIASTRES *à* VINGT-QUATRE PIASTRES. (*Loi du 10 août 1877 qui règle en monnaie forte les amendes,* etc.)

Art. **260**. — Outre les peines correctionnelles mentionnées dans les articles précédents, les tribunaux pourront prononcer le renvoi sous la surveillance spéciale de la haute police de l'Etat, depuis un an jusqu'à cinq ans.

Art. **261**. — Toute personne coupable du crime de castration, subira la peine des travaux forcés à perpétuité. — *Pén.*, 270 et s.

Si la mort en est résultée avant l'expiration des quarante jours qui auront suivi le crime, le coupable subira la peine de mort.—*I. cr.*, 308-2°.—*Pén.*, 12, 22.

Art. **262**. — Quiconque, par aliments, breuvages, médicaments, violence, ou par tout autre moyen, aura procuré l'avortement d'une femme enceinte, soit qu'elle y ait consenti ou non, sera puni de la réclusion.

La même peine sera prononcée contre la femme qui se sera procuré l'avortement à elle-même, ou qui aura consenti à faire usage des moyens à elle indiqués ou administrés à cet effet, si l'avortement en est suivi.

Les médecins, chirurgiens et les autres officiers de santé, ainsi que les pharmaciens qui auront indiqué ou administré ces moyens, seront condamnés à la peine des travaux forcés à temps, dans le cas où l'avortement aurait eu lieu.

Art. **263**. — Quiconque aura vendu ou débité des boissons falsifiées, contenant des mixtions nuisibles à la santé, sera puni d'un emprisonnement de six jours à un an.

Seront saisies et confisquées les boissons falsifiées trouvées appartenir au vendeur ou débitant.

Section III

Homicide, blessures et coups involontaires; crimes et délits excusables, et cas où ils ne peuvent être excusés; homicide, blessures et coups qui ne sont ni crimes ni délits.

Paragraphe Premier

Homicide, blessures et coups involontaires.

Art. **264.** — Quiconque, par maladresse, imprudence, inattention, négligence ou inobservation des règlements, aura commis involontairement un homicide, ou en aura involontairement été la cause, sera puni d'un emprisonnement d'un mois à un an, et d'une amende de trente deux gourdes à quatre-vingt-seize gourdes.

Amende actuelle · HUIT PIASTRES *à* VINGT-QUATRE PIASTRES. (*Loi du 10 août 1877, qui règle en monnaie forte les amendes, etc.*).

Art. **265.** — S'il n'est résulté du défaut d'adresse ou de précaution que des blessures ou coups, l'emprisonnement sera de six jours à deux mois, et l'amende sera de seize gourdes à vingt-quatre gourdes.

Amende actuelle: QUATRE PIASTRES *à* SIX PIASTRES. (*Loi citée à l'article précédent.*)

§ II

Crimes, délits excusables, et cas où ils ne peuvent être excusés.

Art. **266.** — Le meurtre, ainsi que les blessures et les coups, sont excusables, s'ils ont été provoqués par des coups ou violences graves envers les personnes.— *I. cr.* 272. 277, 279. — *Pén.*, 49, 241, 254, 310.

Art. **267**. — Les crimes et délits mentionnés au précédent article, sont également excusables, s'ils ont été commis en repoussant, pendant le jour, l'escalade ou l'effraction des clôtures, murs ou entrée d'une maison ou d'un appartement habités, ou de leurs dépendances. *Pén.*, 266, 275, et s.

Si le fait est arrivé pendant la nuit, ce cas est réglé par l'article 274.

Art. **268**. — Le parricide n'est jamais excusable. — *I. cr.*, 308-2°. — *Pén.*, 12, 22, 244, 247.

Art. **269**. — Le meurtre commis par le conjoint sur son conjoint, n'est pas excusable, si la vie du conjoint qui a commis le meurtre n'a pas été mise en péril dans le moment même où le meurtre a eu lieu.

Néanmoins, dans le cas d'adultère, prévu par l'article 284, le meurtre commis par l'époux sur son épouse, ainsi que sur le complice, ou sur l'un d'eux, à l'instant où il les surprend en flagrant délit dans la maison conjugale, est excusable. — *Civ.*, 95, 216, 294 et s. — *I. cr.*, 31. — *Pén.*, 336 et s.

Art. **270**. — Le crime de castration, s'il a été immédiatement provoqué par un outrage violent à la pudeur, sera considéré comme meurtre ou blessure excusables. — *Pén.*, 261, 266, 271.

Art. **271**. — Lorsque le fait d'excuse sera prouvé, s'il s'agit d'un crime emportant la peine de mort ou celle des travaux forcés à perpétuité, la peine sera réduite à un emprisonnement de deux mois à deux ans.

S'il s'agit de tout autre crime, elle sera réduite à un emprisonnement d'un mois à un an.

Dans ces deux premiers cas, les coupables pourront de plus être mis, par l'arrêt ou le jugement, sous la surveillance spéciale de la haute police de l'Etat, pendant trois au moins et neuf ans au plus.

S'il s'agit d'un délit, la peine sera réduite à un emprisonnement de six jours à six mois.

§ III

Homicide, blessures et coups non qualifiés crimes ni délits.

Art. **272**. — Il n'y a ni crime ni délit, lorsque l'homicide, les blessures et les coups étaient ordonnés par la loi et commandés par l'autorité légitime. — *Pén.*, 48, 240, 254, 264, 274.

Art. **273**. — Il n'y a ni crime ni délit, lorsque l'homicide, les blessures et les coups étaient commandés par la nécessité actuelle de la légitime défense de soi-même ou d'autrui. — *Pén.*, 240, 264, 274.

Art. **274**. — Sont compris dans les cas de nécessité actuelle de défense, les deux cas suivants :

1° Si l'homicide a été commis, si les blessures ont été faites, ou si les coups ont été portés en repoussant, pendant la nuit, l'escalade ou l'effraction des clôtures, murs ou entrée d'une maison ou d'un appartement habités, ou de leurs dépendances ;

2° Si le fait a eu lieu en se défendant contre les auteurs de vols ou de pillages exécutés avec violence. — *Pén.*, 327, 361.

Art. **275**. — Est réputé *maison habitée*, tout bâtiment, logement, loge, cabane, même mobile, qui, sans être actuellement habité, est destiné à l'habitation, et tout ce qui en dépend, comme cours, basses-cours, écuries, édifices qui y sont enfermés, quelqu'en soit l'usage, et quand même ils auraient une clôture particulière dans la clôture ou enceinte générale.

Art. **276**. — Est qualifié *effraction*, tout forcement, rupture, dégradation, démolition, enlèvement de murs, toits, planches, portes, fenêtres, serrures, cadenas, ou autres ustensiles ou instruments servant à fermer ou empêcher le passage, et de toute espèce de clôture quelle quelle soit.

Art. **277.** — Est qualifiée *escalade*, toute entrée dans les maisons, bâtiments, cours, basses-cours, édifices quelconques, jardins, parcs et enclos, exécutée pardessus les murs, portes, toitures ou toute autre clôture. — *Pén.*, 267, 274, 275, 327, 330.

L'entrée par une ouverture souterraine, autre que celle qui a été établie pour servir d'entrée, est une circonstance de même gravité que l'escalade.

SECTION IV

Attentats aux mœurs.

Art. **278.** — Toute personne qui aura commis un outrage public à la pudeur, sera punie d'un emprisonnement de trois mois à un an, et d'une amende de seize gourdes à quarante huit gourdes. — *Pén.*, 396-3°.

Amende actuelle : QUATRE PIASTRES *à* DOUZE PIASTRES. *(Loi du 10 août 1877, qui règle en monnaie forte les amendes, etc.)*

Art. **279.** — Quiconque aura commis le crime de viol, ou sera coupable de tout autre attentat à la pudeur, consommé ou tenté avec violence contre des individus de l'un ou de l'autre sexe, sera puni de la réclusion.

Art. **280.** — Si le crime a été commis sur la personne d'un enfant au-dessous de l'âge de quinze ans accomplis, le coupable subira la peine des travaux forcés à temps.

Art. **281.** — La peine sera celle des travaux forcés à perpétuité, si les coupables sont de la classe de ceux qui ont autorité sur la personne envers laquelle ils ont commis l'attentat, s'ils sont ses instituteurs ou ses serviteurs à gages, ou s'ils sont fonctionnaires publics, ou ministres d'un culte, ou si le coupable, quel qu'il soit, a été aidé dans son crime par une ou plusieurs personnes.

Si la mort s'en est suivie, le coupable sera puni de mort. — *Pén.*, 12, 22.

Art. **282**. — Quiconque aura attenté aux mœurs, en excitant, favorisant ou facilitant habituellement la débauche ou la corruption de la jeunesse de l'un ou de l'autre sexe au-dessous de l'âge de vingt-un ans, sera puni d'un emprisonnement de six mois à deux ans.

Si la prostitution ou la corruption a été excitée, favorisée ou facilitée par leurs pères, mères, tuteurs ou autres personnes chargée de leur surveillance, la peine sera d'un an à trois ans d'emprisonnement.

Art. **283**. — Les coupables du délit mentionné au précédent article, seront interdits de toute tutelle ou curatelle, et de toute participation aux conseils de famille, savoir : les individus auxquels s'applique le premier paragraphe de cet article, pendant deux ans au moins et cinq au plus ; et ceux dont il est parlé au second paragraphe, pendant dix ans au moins et vingt ans au plus. — *Civ.*, 355 et s.

Si le délit a été commis par le père ou la mère, le coupable sera de plus privé des droits et avantages à lui accordés, sur la personne ou les biens de l'enfant, par le Code civil, en la loi *sur la Puissance paternelle.*

Dans tous les cas, les coupables pourront de plus être mis, par le jugement, sous la surveillance spéciale de la haute police de l'Etat, en observant, pour la durée de la surveillance, ce qui vient d'être établi pour la durée de l'interdiction mentionnée au présent article.

Art. **284**. — L'adultère de la femme ne pourra être dénoncé que par le mari : cette faculté même cessera, s'il est dans le cas prévu par l'article 287. — *Civ.*, 215, 216, 286.

Art. **285**. — La femme convaincue d'adultère subira la peine de l'emprisonnement pendant trois mois au moins et deux ans au plus.

Le mari restera le maître d'arrêter l'effet de cette condamnation, en consentant à reprendre sa femme.

Art. **286**. — Le complice de la femme adultère sera puni de l'emprisonnement pendant le même espace de temps.

Les seules preuves qui pourront être admises contre le prévenu de complicité, seront, outre le flagrant délit, celles résultant de lettres ou autres pièces écrites par le prévenu.

Art. **287**. — Le mari qui aura entretenu une concubine dans la maison conjugale, et qui aura été convaincu sur la plainte de sa femme, sera puni d'une amende de cent gourdes à quatre cents gourdes. — *Civ.*, 95, 216. — *Pén*, 269, 284.

Art. **288**. — Quiconque étant engagé dans les liens du mariage, en aura contracté un autre avant la dissolution du précédent, sera puni de la peine des travaux forcés à temps. — *Civ.*, 128, 135, 174 et s., 213.

L'officier public qui aura prêté son ministère à ce mariage, connaissant l'existence du précédent, sera condamné à la même peine.

Section V

Arrestations illégales et séquestrations de personnes.

Art. **289**. — Seront punis d'un emprisonnement d'un an à cinq ans au plus, ceux qui, sans ordre des autorités constituées et hors les cas où la loi ordonne de saisir des prévenus, auront arrêté, détenu ou séquestré des personnes quelconques.

Quiconque aura prêté un lieu pour exécuter la détention ou séquestration, subira la même peine. — *Const.*, 14. — *Pr.*, 688. — *I. cr.*, 450 et s. — *Pén.*, 89, 91.

Si la détention ou séquestration a duré plus d'un mois, la peine sera celle de la réclusion.

Art. **290.** — La peine sera réduite à un emprisonnement d'un mois à un an, si les coupables des délits mentionnés en l'article 289, non encore poursuivis de fait, ont rendu la liberté à la personne arrêtée, séquestrée ou détenue, avant le dixième jour accompli depuis celui de l'arrestation, détention ou séquestration. Ils pourront néanmoins être renvoyés sous la surveillance spéciale de la haute police de l'Etat, depuis un an jusqu'à trois ans.

Art. **291.** — Si l'arrestation a été exécutée avec faux costume, sous un faux nom, ou sur un faux ordre de l'autorité publique, le coupable sera puni des travaux forcés à temps. — *Pén.*, 217, 218.

Art. **292.** — Si l'individu arrêté, détenu ou séquestré, a été menacé de la mort, le coupable sera puni des travaux forcés à perpétuité.

Art. **293.** — S'il a été soumis à des tortures corporelles, le coupable sera puni des travaux forcés à perpétuité; et si la mort s'en est suivie, il sera puni de mort. — *Pén.*, 12, 22, 248, 289.

Section VI

Crimes et délits tendant à empêcher ou détruire la preuve de l'état civil d'un enfant, ou à compromettre son existence; enlèvement de mineurs, infractions aux lois sur les inhumations.

Paragraphe Premier

Crimes et délits envers l'enfant.

Art. **294.** — Les coupables d'enlèvement, de recélé, ou de suppression d'un enfant, de substitution d'un enfant à un autre, ou de supposition d'un enfant à une femme qui ne sera pas accouchée, seront punis de la réclusion.

La même peine aura lieu contre ceux qui, étant chargés d'un enfant, ne le représenteront point aux personnes qui ont le droit de le réclamer. — *Civ.*, 57, 330, 361, — *Pén.*, 279 et s., 300.

Art. **295**. — Toute personne qui, ayant assisté à un accouchement, n'aura pas fait la déclaration à elle prescrite par l'article 55 du Code civil, et dans le délai fixé par le même article, sera punie d'un emprisonnement de six jours à un mois.

Art. **296**. — Toute personne qui, ayant trouvé un nouveau-né, ne l'aura pas remis à l'officier de l'état civil, ainsi qu'il est prescrit par l'article 57 du Code civil, sera punie de la peine portée au précédent article.

La présente disposition n'est point applicable à celui qui aurait consenti à se charger de l'enfant, et qui aurait fait sa déclaration à cet égard, devant le juge de paix du lieu où l'enfant a été trouvé.

Art. **297**. — Ceux qui auront porté ou conduit et délaissé dans une maison un enfant au-dessous de l'âge de cinq ans accomplis, qui leur aurait été confié afin qu'ils en prissent soin, ou pour toute autre cause, seront punis d'un emprisonnement de six semaines à six mois. — *Civ.*, 189.

Toutefois aucune peine ne sera prononcée, s'ils n'étaient pas tenus ou ne s'étaient pas obligés de pourvoir gratuitement à la nourriture et à l'entretien de l'enfant, et si personne n'y avait pourvu.

Art. **298**. — Ceux qui auront exposé et délaissé en un lieu solitaire un enfant au-dessous de l'âge de cinq ans accomplis ; ceux qui auront donné l'ordre de l'exposer ainsi, si cet ordre a été exécuté, seront, pour ce seul fait, condamnés à un emprisonnement de six mois à deux ans.

La peine ci-dessus sera d'un an à trois ans, contre les tuteurs ou tutrices, instituteurs ou institutrices de l'enfant exposé ou délaissé par eux ou par leur ordre. — *Civ.*, 330, 331, 361.

Si, par suite de l'exposition et du délaissement, l'enfant est demeuré mutilé ou estropié, l'action sera considérée comme blessures volontaires à lui faites par la personne qui l'a exposé et délaissé ; et, si la mort s'en est suivie, l'action sera considérée comme meurtre : au premier cas, les coupables subiront la peine applicable aux blessures volontaires ; et au second cas, celle du meurtre. — *Pén.*, 240, 249, 254.

Art. **299**. — Ceux qui auront exposé et délaissé en un lieu non solitaire un enfant au-dessous de l'âge de cinq ans accomplis, seront punis d'un emprisonnement de trois mois à un an.

Le délit prévu par le présent article sera puni d'un emprisonnement de six mois à deux ans, s'il a été commis par les tuteurs ou tutrices, instituteurs ou institutrices de l'enfant. — *Pén.*, 298.

§ II

Enlèvements de mineurs.

Art. **300**.— Quiconque aura, par fraude ou violence, enlevé ou fait enlever des mineurs, ou les aura entraînés, détournés ou déplacés, ou les aura fait entraîner, détourner ou déplacer des lieux où ils étaient mis par ceux à l'autorité ou à la direction desquels ils étaient soumis ou confiés, subira la peine de la réclusion.

Art. **301**. — Si la personne ainsi enlevée ou détournée est une fille au-dessous de quinze ans accomplis, la peine sera celle des travaux forcés à temps.

Art. **302**. — Quand la fille au-dessous de quinze ans aurait consenti à son enlèvement, ou suivi volontairement le ravisseur, si celui-ci était majeur de vingt-un ans ou au-dessus, il sera condamné aux travaux forcés à temps.

Si le ravisseur n'avait pas encore vingt-un ans, il sera puni d'un emprisonnement d'un an à trois ans.

Art. **303.**— Dans le cas où le ravisseur aurait épousé la fille qu'il a enlevée, il ne pourra être poursuivi que sur la plainte des personnes qui, d'après le Code civil, ont le droit de demander la nullité du mariage, ni condamné qu'après que la nullité du mariage aura été prononcée. — *Civ.*, 148, 170, 311.

§ III

Infractions aux lois sur les inhumations.

Art. **304.** — Ceux qui, sans l'autorisation préalable de l'officier public, dans le cas où elle est prescrite, auront fait inhumer un individu décédé, seront punis de six jours à deux mois d'emprisonnement ; sans préjudice de la poursuite des crimes dont les auteurs de ce délit pourraient être prévenus dans cette circonstance. — *Civ.*, 76 et s.

La même peine aura lieu contre ceux qui auront contrevenu, de quelque manière que ce soit, à la loi et aux règlements relatifs aux inhumations précitées.

Art. **305.** — Quiconque aura recélé ou caché le cadavre d'une personne homicidée, ou morte des suites de coups ou blessures, sera puni d'un emprisonnement de six mois à deux ans, sans préjudice de peines plus graves, s'il a participé au crime.

Art. **306.** — Sera puni d'un emprisonnement de trois mois à un an, quiconque se sera rendu coupable de violation de tombeaux ou de sépultures, sans préjudice des peines contre les crimes ou les délits qui seraient joints à celui-ci.

Section VII

Faux témoignage, diffamation, injures, révélations de secrets.

Paragraphe Premier

Faux témoignage.

Art. **307.** — Quiconque sera coupable de faux témoignage en matière criminelle, soit contre l'accusé, soit en sa faveur, sera puni des travaux forcés à temps. — *I. cr.*, 251.

Si néanmoins l'accusé a été condamné à une peine plus forte que celle des travaux forcés à temps, le faux témoin qui a déposé contre lui subira la même peine.

Art. **308.** — Quiconque sera coupable de faux témoignage en matière correctionnelle ou de police, soit contre le prévenu, soit en sa faveur, sera puni de la réclusion.

Art. **309.** — Le coupable de faux témoignage en matière civile, sera puni de la peine d'emprisonnement. — *Civ.*, 116, 223.

Art. **310.** — Le faux témoin en matière correctionnelle, de police, ou civile, qui aura reçu de l'argent, une récompense quelconque, ou des promesses, sera puni des travaux forcés à temps. — *Pr.*, 263.

Dans tous les cas, ce que le faux témoin aura reçu sera confisqué. — *Pén.*, 137.

Art. **311.** — Le coupable de subornation de témoin sera condamné à la même peine que le faux témoin.

Art. **312.** — Celui à qui le serment aura été déféré ou référé en matière civile, et qui aura fait un faux serment, sera puni de la dégradation civique. — *Civ.*, 144, 1152. — *Pr.*, 126 et s. — *Pén.*, 309.

II

Diffamation, calomnie, injures, révélation de secrets.

Art. **313.** — Sera coupable du délit de diffamation, celui qui, soit dans les lieux ou réunions publics, soit dans un acte authentique et public, soit dans un écrit imprimé ou non qui aura été affiché, vendu ou distribué, aura imputé à un individu quelconque des faits qui portent atteinte à son honneur et à sa considération.

La présente disposition n'est point applicable aux faits dont la loi autorise la publicité, ni à ceux que l'auteur de l'imputation était, par la nature de ses fonctions ou de ses devoirs, obligé de révéler ou de réprimer. — *I. cr.*, 19 et s. — *Pén.*, 31.

Art. **314.** — L'auteur de l'imputation ne sera pas admis, pour sa défense, à demander que la preuve en soit faite; il ne pourra non plus alléguer, comme moyen d'excuse, que les pièces ou les faits sont notoires, ou que les imputations qui donnent lieu à la poursuite, sont copiées ou extraites de papiers étrangers, ou d'autres écrits imprimés. — *Pén.*, 315, 390 10°.

Art. **315.** — Les diffamations commises par la voie de papiers étrangers, pourront être poursuivies contre ceux qui auront envoyé les articles ou donné l'ordre de les insérer.

Art. **316.** — Le diffamateur sera puni des peines suivantes :

Si le fait imputé est de nature à mériter la peine de mort, ou les travaux forcés à perpétuité, le coupable sera puni d'un emprisonnement d'un an à trois ans.

Dans tous les autres cas, l'emprisonnement sera de six mois à un an.

Art. **317.** — Lorsque les faits imputés seront punissables suivant la loi, et que l'auteur de l'imputation les aura dénoncés, il sera, durant l'instruction sur ces faits, sursis à la poursuite et au jugement du délit de diffamation.

Art. **318.** — Quiconque aura fait par écrit une dénonciation calomnieuse contre un ou plusieurs individus aux officiers de justice ou de police, sera puni d'un emprisonnement d'un mois à un an. — *Civ.*, 588-2°. — *I. cr.*, 290 et s.

Art. **319.** — Dans tous les cas, le calomniateur sera, à compter du jour où il aura subi sa peine, interdit, pendant cinq ans au moins et dix ans au plus, des droits mentionnés en l'article 28 du présent Code.

Art. **320.** — Quant aux injures ou aux expressions outrageantes qui ne renfermeraient l'imputation d'aucun fait précis, mais celle d'un vice déterminé, si elles ont été proférées dans des lieux ou réunions publics, ou insérées dans des écrits imprimés ou non, qui auraient été répandus et distribués, la peine sera une amende de seize gourdes à quatre-vingts gourdes. — *Pén.*, 382.

Amende actuelle : QUATRE PIASTRES A VINGT PIASTRES *(Loi du 10 août 1877, qui règle en monnaie forte les amendes, etc.)*

Art. **321.** — Toutes autres injures ou expressions outrageantes qui n'auront pas eu ce double caractère de gravité et de publicité, ne donneront lieu qu'à des peines de simple police.

Art. **322.** — A l'égard des imputations et des injures qui seraient contenues dans les écrits relatifs à la défense des parties, ou dans les plaidoyers, les juges saisis de la contestation pourront, en jugeant la cause, ou prononcer la suppression des injures ou des écrits injurieux, ou faire des injonctions aux auteurs du délit, ou les suspendre de leurs fonctions, et statuer sur les dommages-intérêts.

La durée de cette suspension ne pourra excéder six mois : en cas de récidive, elle sera d'un an au moins et de trois ans au plus.

Si les injures ou écrits injurieux portent le caractère de diffamation grave, et que les juges saisis de la contestation ne puissent connaître du délit, ils ne pourront prononcer, contre les prévenus, qu'une suspension provisoire de leurs fonctions, et les renverront, pour le jugement du délit, devant les juges compétents.

Art. **323.** — Les médecins, chirurgiens et autres officiers de santé, ainsi que les pharmaciens, les sages-femmes, et toutes autres personnes dépositaires, par état ou profession, des secrets qu'on leur confie, qui, hors le cas où la loi les oblige de se porter dénonciateurs, auront révélé ces secrets, seront punis d'un emprisonnement d'un mois à un an.

CHAPITRE II

CRIMES ET DÉLITS CONTRE LES PROPRIÉTÉS

SECTION PREMIÈRE

Vols

Art. **324.** — Quiconque a soustrait frauduleusement une chose qui ne lui appartient pas, est coupable de vol. — *Civ.*, 1087, 1715, 1720 et s., 2044 et s. — *Pr.*, 794, — *Com.*, 605.

Art. **325.** — Les soustractions commises par des maris au préjudice de leurs femmes, par un veuf ou une veuve, quant aux choses qui avaient appartenu à l'époux décédé, par des enfants ou autres descendants, au préjudice de leurs pères ou mères ou autres ascendants, par des pères et mères ou autres ascendants au préjudice de leurs enfants ou autres descendants, ou par des alliés aux mêmes degrés, ne pourront donner lieu qu'à des réparations civiles.

A l'égard de tous autres individus qui auraient recélé ou appliqué à leur profit tout ou partie des objets volés, ils seront punis comme coupables de vol.

Art. **326**. — Le vol commis à main armée, sera puni de mort.

Art. **327**. — Le vol commis avec escalade, fausses clefs, effraction, ou à l'aide de violence, lors même qu'elle n'a laissé aucune trace de blessure ou de contusion, sera puni de la peine des travaux forcés à perpétuité.

Sont qualifiés *fausses clefs*, tous crochets, rossignols, passe-partout, clefs imitées, contrefaites, altérées, ou qui n'ont pas été destinées par le propriétaire, locataire ou logeur, aux serrures, cadenas ou aux fermetures quelconques auxquelles le coupable les aura employées.

Art. **328**, *ainsi modifié par la loi du 28 juillet 1878.* — Seront punis des travaux forcés à temps :

1° Les vols commis dans les chemins publics, sans aucune des circonstances prévues aux articles 326 et 327 ci-dessus ;

2° Les vols commis la nuit et par deux ou plusieurs personnes, ou avec l'une de ces circonstances seulement, mais en même temps dans un lieu habité, ou servant à l'habitation ou dans les édifices consacrés aux cultes légalement établis en Haïti.

Art. **329**. — Seront punis de la réclusion :

1° Les vols domestiques, c'est-à-dire les vols commis par un domestique ou un homme de service à gages, même lorsqu'il aura commis le vol envers des personnes qu'il ne servait pas, mais qui se trouvaient soit dans la maison de la personne qu'il servait, soit dans celle où il l'accompagnait; ou par un ouvrier ou apprenti, dans la maison, l'atelier ou le magasin de son bourgeois ; ou par un individu, travaillant habituellement dans la maison ou sur l'habitation où il aura volé ;

2° Les vols commis par un aubergiste, un hôtelier, un voiturier, un batelier ou un de leurs préposés, lorsqu'ils auront volé tout ou partie des choses qui leur étaient confiées à ce titre ;

3° Les vols commis dans les auberges ou hôtelleries, par des personnes qui y étaient reçues.

Art. **330**. — Les autres vols non spécifiés dans la présente section, lorsque la valeur des objets excédera vingt piastres, seront punis d'un emprisonnement d'un an au moins et cinq ans au plus.

Est assimilée à ces délits et punie des mêmes peines toute tentative de vol de cette nature qui aura été manifestée par des actes extérieurs et suivie d'un commencement d'exécution, si elle n'a été suspendue et n'a manqué son effet que par des circonstances fortuites indépendantes de la volonté de l'auteur.

Les coupables des vols et tentatives de vols prévus au présent article, seront de plus interdits des droits civils et politiques prévus en l'article 26 du présent Code et envoyés à temps sous la surveillance de la police de l'Etat.

Les coupables seront, en outre, pendant toute la durée de l'emprisonnement, employés à des travaux publics de la commune.

Art. **331**. — Quiconque aura extorqué par force, violence ou contrainte, la signature ou la remise d'un écrit, d'un acte, d'un titre, d'une pièce quelconque, contenant ou opérant obligation, disposition ou décharge, sera puni des travaux forcés à perpétuité.

Art. 332. — Les voituriers, bateliers ou leurs préposés, qui auront altéré des liquides ou des marchandises dont le transport leur avait été confié et qui auront commis cette altération par le mélange de substances malfaisantes, seront punis des travaux forcés à temps. — *Pén.*, 246, 262, 263.

S'il n'y a pas eu mélange de substances malfaisantes, la peine sera un emprisonnement de six mois à un an et une amende de seize gourdes à quarante-huit gourdes.

Amende actuelle : QUATRE PIASTRES A DOUZE PIASTRES. *(Loi du 12 août 1877, qui règle en monnaie forte les amendes, etc.)*

Art. 333. — Outre les peines ci-dessus stipulées, le coupable de vol sera toujours condamné à restitution et de plus aux dommages-intérêts, s'il y a lieu, conformément à l'article 11 du présent Code.

SECTION II

Banqueroutes, escroqueries et autres espèces de fraude.

PARAGRAPHE PREMIER

Banqueroute et escroquerie

Art. 334. — Ceux qui, dans les cas prévus par le Code de commerce, seront déclarés coupables de banqueroute, seront punis ainsi qu'il suit : — *Com.*, 580 et s., 586 et s.

Les banqueroutiers frauduleux seront punis des travaux forcés à temps. — *Com.*, 586 et s.

Les banqueroutiers simples seront punis d'un emprisonnement de six mois au moins et de deux ans au plus. — *Com.*, 580 et s.

Art 335. — Ceux qui, conformément au Code de commerce, seront déclarés complices de banqueroute frauduleuse, seront punis des mêmes peines que les banqueroutiers frauduleux. — *Com.*, 590 et s. — *Pén.*, 334.

Art. **336**. — Les agents de change et courtiers qui auront fait faillite, seront punis des travaux forcés à temps ; s'ils sont convaincus de banqueroute frauduleuse, la peine sera celle des travaux forcés à perpétuité. — *Com.*, 74 et s., 586 (1).

Art. **337**. — Quiconque, soit en faisant usage de faux noms ou fausses qualités, soit en employant des manœuvres frauduleuses, pour persuader l'existence de fausses entreprises, d'un pouvoir ou d'un crédit imaginaire, ou pour faire naître l'espérance ou la crainte d'un succès, d'un accident ou de tout autre événement chimérique, se sera fait remettre ou délivrer des fonds, des meubles ou des obligations, dispositions, billets, promesses, quittances ou décharges, et aura par un de ces moyens, escroqué ou tenté d'escroquer la totalité ou partie de la fortune d'autrui, sera puni d'un emprisonnement d'un an au moins et de trois ans au plus.

Le coupable pourra, en outre, à compter du jour où il aura subi sa peine, être interdit, pendant trois ans au moins et neuf ans au plus, des droits mentionnés en l'article 28 du présent Code : le tout sauf les peines plus graves, s'il y a crime de faux. — *Pén.*, 107 et s., 182 et s.

§ II
Abus de confiance.

Art. **338**. — Quiconque aura abusé des besoins, des faiblesses, ou des passions d'un mineur, pour lui faire souscrire à son préjudice, des obligations, quittances

(1) Voy. *Recueil de lois usuelles d'Haiti*, par Gustave Chaumette (2e partie). Loi du 25 septembre 1890 sur les courtiers et agents de change.

ou décharges, pour prêt d'argent ou de choses mobilières, ou d'effets de commerce, ou de tous autres effets obligatoires, sous quelque forme que cette négociation ait été faite ou déguisée, sera puni d'un emprisonnement de deux mois au moins et de deux ans au plus.

La disposition portée au second paragraphe du précédent article pourra de plus être appliquée.

Art. **339.** — Quiconque, abusant d'un blanc-seing qui lui aura été confié, aura frauduleusement écrit au-dessus une obligation ou décharge, ou tout autre acte pouvant compromettre la personne ou la fortune du signataire, sera puni de la réclusion.

Dans le cas ou le blanc-seing ne lui aurait pas été confié, il sera poursuivi comme faussaire et puni comme tel. — *Pén.*, 107, 192.

Art. **340**, *ainsi modifié par la loi du 27 Juillet 1878.* — Quiconque aura détourné ou dissipé au préjudice des propriétaires, possesseurs ou détenteurs des effets, deniers, marchandises, billets, quittances ou tous autres écrits contenant ou opérant obligation ou décharge, qui ne lui auraient été remis qu'à titre de louage, de dépôt, de mandat, ou pour un travail salarié ou non salarié, à la charge de les rendre ou représenter, ou d'en faire un usage ou un emploi déterminé, sera puni des peines portées dans l'article 338.

Si l'abus de confiance prévu et puni par le précédent paragraphe a été commis par un officier public ou ministériel, ou par un domestique, homme de service à gages, élève, clerc, commis, ouvrier, compagnon ou apprenti, au préjudice de son porteur ou de la personne chez qui il était employé, la peine sera celle de la réclusion. Le tout sans préjudice de ce qui est dit aux art. 212, 213 et 214 relativement aux soustractions et enlèvements des deniers, effets ou pièces commis dans les dépôts publics.

Art. **341**. — Quiconque après avoir produit, dans une contestation judiciaire, quelque titre, pièce ou mémoire, l'aura soustrait de quelque manière que ce soit, sera puni d'une amende de seize gourdes à soixante-quatre gourdes.

Cette peine sera prononcée par le tribunal saisi de la contestation.

Amende actuelle : QUATRE PIASTRES *à* SEIZE PIASTRES. *(Loi du 10 Août 1877, qui règle en monnaie forte les amendes, etc.)*

§ III

Maisons de jeux de hasard, loteries et maisons de prêts sur gages.

Art. **342**. — Ceux qui auront tenu une maison de jeux de hasard et y auront admis le public, soit librement, soit sur la présentation des intéressés ou affiliés, les banquiers de cette maison, tous ceux qui auront établi ou tenu des loteries, tous administrateurs, préposés ou agents de ces établissements, seront punis d'un emprisonnement de deux mois au moins et de six mois au plus, et d'une amende de cent gourdes à mille gourdes.

Amende actuelle : VINGT-CINQ PIASTRES *à* DEUX CENT CINQUANTE PIASTRES. *(Loi du 10 Août 1877, qui règle en monnaie forte les amendes, etc.)*

Les coupables pourront être de plus, à compter du jour où ils auront subi leur peine, interdits, pendant trois ans au moins et neuf ans au plus, des droits mentionnés en l'article 28 du présent Code.

Dans tous les cas, seront confisqués tous les fonds ou effets qui seront trouvés exposés au jeu ou mis à la loterie, les meubles, instruments, ustensiles, appareils employés ou destinés au service des jeux ou des loteries, les meubles et les effets mobiliers dont les lieux seront garnis ou décorés.

Art. **343**. — Ceux qui auront établi ou tenu des maisons de prêt sur gages ou nantissement, sans autorisation légale, ou qui ayant une autorisation, ne tiendront pas un registre contenant de suite, sans aucun blanc ni interligne, les sommes ou les objets mis en nantissement, seront punis d'un emprisonnement de quinze jours au moins, de trois mois au plus, et d'une amende de cent gourdes à quatre cents gourdes.

Amende actuelle : VINGT-CINQ PIASTRES *à* CENT PIASTRES. *(Loi du 10 Août 1877 qui règle en monnaie forte les amendes, etc.*

§ IV

Entraves apportées à la liberté des enchères.

Art. **344**. — Ceux qui, dans les adjudications de la propriété, de l'usufruit, ou de la location des choses mobilières ou immobilières, d'une entreprise, d'une fourniture, d'une exploitation ou d'un service quelconque, auront entravé ou troublé la liberté des enchères ou des soumissions, par voies de fait, violences ou menaces, soit avant, soit pendant les enchères ou soumissions, seront punis d'un emprisonnement de quinze jours au moins et de trois mois au plus. — *Pén.*, 546, 617, 853.

Les mêmes peines auront lieu contre ceux qui, par dons ou promesses, auront écarté les enchérisseurs.

§ V

Violations des règlements relatifs au commerce et aux arts.

Art. **345**. — Quiconque aura trompé l'acheteur sur le titre des matières d'or ou d'argent, sur la qualité d'une pierre fausse vendue pour fine, sur la nature de toutes marchandises ; quiconque, par usage de faux poids ou de fausses mesures aura trompé sur la quantité des choses vendues, sera puni de l'emprisonnement pendant trois mois au moins, un an au plus, et d'une amende qui ne pourra excéder le quart des restitutions et des dommages-intérêts, ni être au-dessous de vingt-quatre gourdes.

Actuellement SIX PIASTRES. *(Loi du 10 Août 1877, qui règle en monnaie forte les amendes, etc.)*

Les objets du délit, ou leur valeur, s'ils appartiennent encore au vendeur, seront confisqués, et de plus brisés.

Art. **346**. — Si le vendeur et l'acheteur se sont servis, dans leurs marchés, d'autres poids ou d'autres mesures que ceux qui ont été établis par les lois de l'Etat, l'acheteur sera privé de toute action contre le vendeur qui l'aura trompé par l'usage de poids ou de mesures prohibés ; sans préjudice de l'action publique pour la punition, tant de cette fraude que de l'emploi même des poids et des mesures prohibés.

La peine, en cas de fraude, sera celle portée par l'article précédent.

La peine, pour l'emploi des mesures et poids prohibés, sera déterminée par la loi N° 5 *sur les contraventions de police.*

Art. **347**. — Toute édition d'écrits, de composition musicale, de dessin, de lithographie, de peinture, ou de tout autre production, imprimée ou gravée en entier ou en partie, au mépris des lois et règlements relatifs à la propriété des auteurs, est une contrefaçon, et toute contrefaçon est un délit (1).

(1) Voy. Recueil de *Lois usuelles de la République d'Haiti*, par Gustave Chaumette (1re partie). Loi du 2 Octobre 1885 *sur la propriété littéraire et artistique*,

Art. **348**. — Le débit d'ouvrages contrefaits, l'introduction sur le territoire haïtien d'ouvrages qui, après avoir été imprimés en Haïti, ont été contrefaits chez l'étranger, sont un délit de la même espèce.

Art. **349**. — La peine contre le contrefacteur, ou contre l'introducteur, sera une amende de cent gourdes au moins et de quatre cents gourdes au plus ; et contre le débitant, une amende de seize gourdes au moins et de quatre-vingts gourdes au plus.

La confiscation de l'édition contrefaite sera prononcée tant contre le contrefacteur que contre l'introducteur et le débitant.

Les planches, moules ou matrices des objets contrefaits, seront aussi confisqués.

Amende actuelle : VINGT-CINQ PIASTRES *au moins et* CENT PIASTRES *au plus ;* QUATRE PIASTRES *au moins et* VINGT PIASTRES *au plus. (Loi du 10 Août 1877, qui règle en monnaie forte, etc.)*

Art. **350**. — Tout directeur, ou entrepreneur de spectacle, toute association d'artistes, qui aura fait représenter, sur son théâtre, des ouvrages dramatiques, au mépris des lois et règlements relatifs à la propriété des auteurs, sera puni d'une amende de vingt-quatre gourdes au moins, de quatre-vingts gourdes au plus, et de la confiscation des recettes.

Amende actuelle : SIX PISTRES *au moins et* VINGT PIASTRES *au plus. (Loi du 10 Août 1877, qui règle en monnaie forte, etc.)*

Art. **351**. — Dans les cas prévus par les quatre articles précédents, le produit des confiscations, ou les recettes confisquées, seront remis au propriétaire pour l'indemniser d'autant du préjudice qu'il aura souffert : le surplus de son indemnité ou l'entière indemnité, s'il n'y a eu ni vente d'objets confisqués ni saisie de recettes, sera réglé par les voies ordinaires.

§ VI

Délits des fournisseurs.

Art. **352.** — Tous individus chargés, comme membres dè compagnies ou individuellement, de fournitures, d'entreprises ou régies, pour le compte des armées de terre et de mer, qui, sans y avoir été contraints par une force majeure, auront fait manquer le service dont il sont chargés, seront punis de la peine de la réclusion, et d'une amende qui ne pourra excéder le quart des dommages-intérêts, ni être au-dessous de cent gourdes ; lè tout sans préjudice de peines plus fortes, en cas d'intelligence avec l'ennemi.

Chiffre actuel : VINGT-CINQ PIASTRES. (*Loi du 10 Août 1877, qui règle en monnaie forte, etc.*)

Art. **353.** — Lorsque la cessation du service proviendra du fait des agents fournisseurs, les agents seront condamnés aux peines portées par le précédent article.

Les fournisseurs et leurs agents seront également condamnés, lorsque les uns et les autres auront participé au crime.

Art. **354.** — Si des fonctionnaires publics ou des agents, préposés ou salariés de l'Etat, ont aidé les coupables à faire manquer le service, ils seront punis de la peine des travaux forcés à temps ; sans préjudice de peines plus fortes en cas d'intelligence avec l'ennemi.

Art. **355.** — Quoique le service n'ait pas manqué, si, par négligence, les livraisons et les travaux ont été retardés, ou, s'il y a eu fraude sur la nature, la qualité ou la quantité des travaux ou main-d'œuvre ou des choses fournies, les coupables seront punis d'un emprisonnement de six mois au moins et de trois ans au plus, et d'une amende qui ne pourra excéder le quart des dommages-intérêts, ni être moindre de vingt-quatre gourdes. *(a)*

Dans les divers cas prévus par les articles composant le présent paragraphe, la poursuite ne pourra être faite que sur la dénonciation du Gouvernement ou de l'administration publique.

(a) *Chiffre actuel :* SIX PIASTRES. *(Loi du 10 août 1877 qui règle en monnaie forte les amendes, etc.)*

SECTION III

Destruction, dégradation, dommages.

Art. **356**. — Quiconque aura volontairement mis le feu à des édifices, navires, bateaux, magasins, chantiers, lorsqu'ils sont habités ou servent à l'habitation, et généralement aux lieux habités ou servant à l'habitation, qu'ils appartiennent ou n'appartiennent pas à l'auteur du crime, sera puni de mort.

Sera puni de la même peine, quiconque aura volontairement mis le feu, soit à des voitures ou wagons contenant des personnes, soit à des voitures ou wagons ne contenant pas des personnes, mais faisant partie d'un convoi qui en contient.

Quiconque aura volontairement mis le feu à des édifices, navires, bateaux, magasins, chantiers, lorsqu'ils ne sont ni habités, ni servant à l'habitation, ou à des forêts, bois taillis ou récoltes sur pied, lorsque ces objets ne lui appartiennent pas, sera puni de la peine des travaux forcés à perpétuité.

Celui qui, en mettant, ou en faisant mettre le feu à l'un des objets énumérés dans le paragraphe précédent et à lui-même appartenant, aura volontairement causé un préjudice à autrui, sera puni des travaux forcés à temps.

Sera puni de la même peine, celui qui aura mis le feu sur l'ordre du propriétaire.

Quiconque aura volontairement mis le feu, soit à des récoltes en tas ou en meule, soit à des bois disposés en tas ou en stère, soit à des voitures ou wagons chargés ou non chargés de marchandises, ou autres objets mobiliers et ne faisant point partie d'un convoi contenant des personnes, si ces objets ne lui appartiennent pas, sera puni des travaux forcés à temps.

Celui qui en mettant ou en faisant mettre le feu à l'un des objets énumérés dans le paragraphe précédent, et à lui-même appartenant, aura volontairement causé un préjudice quelconque à autrui sera puni de la réclusion.

Sera puni de la même peine, celui qui aura mis le feu sur l'ordre du propriétaire.

Celui qui aura communiqué l'incendie à l'un des objets énumérés dans les précédents paragraphes, en mettant volontairement le feu à l'un des objets quelconques appartenant soit à lui, soit à autrui, et placés de manière à communiquer le dit incendie, sera puni de la même peine que s'il avait directement mis le feu à l'un des dits objets.

Dans tous les cas, si l'incendie a occasionné la mort d'une ou de plusieurs personnes se trouvant dans les lieux incendiés au moment où il a éclaté, la peine sera la mort.

La peine sera la même, d'après les distinctions faites dans les précédents paragraphes, contre ceux qui auront détruit, par l'effet d'une mine, des édifices ou navires.

Art. **357**. — La menace d'incendier une maison ou toute autre propriété, sera punie de la peine portée contre la menace d'assassinat, et d'après les distinctions établies par les articles 250, 251 et 252.

Art. **358**. — Quiconque aura volontairement détruit ou renversé, par tous autres moyens que ceux mentionnés en l'article 356, en tout ou en partie, des édifices, des ponts, digues ou chaussées, ou autres constructions qu'il savait appartenir à autrui, sera puni de la réclusion, et d'une amende qui ne pourra excéder le quart des restitutions et indemnités, ni être au-dessous de vingt-quatre gourdes. (*a*)

S'il y a eu homicide ou blessures, le coupable sera, dans le premier cas, puni de mort, et dans le second, puni des travaux forcés à perpétuité. — *Pén.*, 12, 15, 18, 22.

(*a*) *Valeur actuelle:* SIX PIASTRES. (*Loi du 10 août 1877, qui règle en monnaie forte les amendes, etc.*)

Art. **359**. — Quiconque, par voies de fait, se sera opposé à la confection des travaux autorisés par le Gouvernement, sera puni d'un emprisonnement de deux mois à deux ans, et d'une amende qui ne pourra excéder le quart des dommages-intérêts, ni être au-dessous de seize gourdes.

Amende actuelle : QUATRE PIASTRES. (*Loi du 10 août 1877, qui règle en monnaie forte les amendes, etc.*

Les moteurs subiront le maximum de la peine.

Art. **360**, Quiconque aura volontairement brûlé, ou détruit d'une manière quelconque des registres, minutes ou actes originaux de l'autorité publique, des titres, billets, lettres de change, effets de commerce ou de banque, contenant ou opérant obligation. disposition, ou décharge, sera puni ainsi qu'il suit :

Si les pièces détruites sont des actes de l'autorité publique, ou des effets de commerce ou de banque, la peine sera la réclusion.

S'il s'agit de toute autre pièce, le coupable sera puni d'un emprisonnement d'un an à trois ans.

Art. **361**. — Tout pillage, tout dégât de denrées ou marchandises, effets, propriétés mobilières, commis en réunion ou bande et à force ouverte, sera puni des travaux forcés à temps.

Art. **362**. — Si les denrées pillées ou détruites sont des grains, grenailles ou farines, substances farineuses, pain, vin ou autre boisson, la peine que subiront les chefs, instigateurs, ou provocateurs seulement, sera le *maximum* des travaux forcés à temps. — *Pén.*, 365, et s., 370.

Art. **363**. — Quiconque, à l'aide d'une liqueur corrosive ou par tout autre moyen, aura volontairement gâté des marchandises ou matières servant à la fabrication, sera puni d'un emprisonnement de deux mois à deux ans.

Si le délit a été commis par un ouvrier de la fabrique, ou par un commis de la maison de commerce, l'emprisonnement sera d'un an à trois ans.

Art. **364**. — Quiconque aura dévasté des récoltes sur pied, ou des plants venus naturellement ou faits de main d'homme, sera puni d'un emprisonnement d'un an à trois ans.

Les coupables pourront de plus être mis, par le jugement, sous la surveillance de la haute police de l'Etat, pendant trois ans au moins et neuf ans au plus.

Art. **365**. — Quiconque aura abattu un ou plusieurs arbres qu'il savait appartenir à autrui, sera puni d'un emprisonnement qui ne pourra être au-dessous de six jours, ni au-dessus de six mois, à raison de chaque arbre, sans que la totalité puisse excéder trois ans. — *Pén.*, 364, 366 et s.

Art. **366**. — Les peines seront les mêmes à raison de chaque arbre mutilé, coupé ou écorcé de manière à le faire périr.

Art. **367**. — S'il y a eu destruction d'une ou de plusieurs greffes, l'emprisonnement sera de six jours à deux mois, à raison de chaque greffe, sans que la totalité puisse excéder deux ans.

Art. **368**. — Le *minimum* de la peine sera de vingt jours dans les cas prévus par les articles 365 et 366, et de dix jours dans le cas prévu par l'article 367, si les arbres étaient plantés sur les places, routes, chemins, rues ou voies publiques ou vicinales ou de traverses. — *Pén.*, 370.

Art. **369**. — Quiconque aura coupé des cannes à sucre, des grains ou des fourrages, qu'il savait appartenir à autrui, sera puni d'un emprisonnement qui ne sera pas au-dessous de six jours, ni au-dessus de deux mois.

Art. **370**. — L'emprisonnement sera de vingt jours au moins et de quatre mois au plus, s'il a été coupé des cannes ou des grains en vert.

Art. **371**. — Toute rupture, toute destruction d'instruments d'agriculture, de parcs, de bestiaux, de cases de gardiens, sera puni d'un emprisonnement d'un mois au moins et d'un an au plus.

Art. **372**, — Quiconque aura empoisonné des chevaux ou autres bêtes de voiture, de monture ou de charge, de gros ou menus bestiaux, ou des poissons dans les étangs, rivières ou réservoirs, sera puni d'un emprisonnement d'un an à trois ans et d'une amende de seize gourdes.

Amende actuelle : HUIT PIASTRES. (*Loi du 10 août 1877, qui règle en monnaie forte. etc.*

Les coupables pourront être mis, par le jugement, sous la surveillance de la haute police de l'Etat, pendant deux ans au moins et cinq ans au plus. — *Pén.*, 246, 262, et s., 332, 373 et s.

Art. **373**, *ainsi modifié par la loi du 27 juillet 1878.* — Ceux qui, sans nécessité, auront tué l'un des ani-

maux mentionnés au précédent article, seront punis ainsi qu'il suit :

Si le délit a été commis dans les batiments, enclos ou dépendances, ou sur les terres dont le maître de l'animal tué était propriétaire, locataire, cultivateur partiaire ou fermier, la peine sera un emprisonnement de deux mois à six mois.

S'il a été commis dans les lieux où le coupable était propriétaire, locataire, cultivateur ou fermier, l'emprisonnement sera de six jours à six mois.

S'il a été commis en tout autre lieu, l'emprisonnement sera de quinze jours à six semaines.

Le *maximum* de la peine sera toujours prononcé en cas de violation de clôture ou si le coupable était gardien de l'animal tué.

Art. **374**. — Quiconque aura, sans nécessité, tué un animal domestique, dans un lieu dont celui à qui cet animal appartient, est propriétaire, locataire, cultivateur partiaire ou fermier, sera puni d'un emprisonnement de deux mois au moins, et de six mois au plus.

S'il y a eu violation de clôture, le *maximum* de la peine sera prononcé.

Art. **375**. — Quiconque aura, en tout ou en partie, comblé des fossés, détruit des clôtures, de quelques matériaux qu'elles soient faites, coupé ou arraché des haies vives ou sèches; quiconque aura déplacé ou supprimé des bornes, ou pieds corniers, ou autres arbres plantés ou reconnus pour établir les limites entre différents héritages, sera puni d'un emprisonnement qui ne pourra être au-dessous d'un mois, ni excéder une année. — *Pén.*, 382.

Art. **376**. — Seront punis d'une amende qui ne pourra excéder le quart des restitutions et des dommages-intérêts, ni être au-dessous de dix gourdes, les propriétaires ou fermiers, ou toutes personnes jouissant de moulins, usines ou étangs, qui, par l'élévation du déversoir de leurs eaux au-dessus de la hauteur déterminée par l'autorité compétente, auront inondé les chemins ou les propriétés d'autrui.

S'il est résulté du fait quelques dégradations, la peine sera, outre l'amende, un emprisonnement de six jours à un mois.

Actuellement CINQ PIASTRES (*Loi du 10 août 1877, qui règle en monnaie forte les amendes, etc.*)

Art. **377.** — L'incendie des propriétés mobilières d'autrui, qui aura été causé par la vétusté ou le défaut, soit de réparation, soit de nettoyage des fours, cheminées, forges, maisons ou usines prochaines, ou par des feux allumés dans les champs à moins de cent pas des maisons, édifices, forêts, bois, vergers, plantations, haies, meules, tas de grains, fourrages, bagasses, ou de tout autre dépôt de matières combustibles, ou par des feux ou lumières portés et laissés sans précaution suffisante, ou par des pièces d'artifice allumées ou tirées par négligence ou imprudence, sera puni d'une amende de trente-deux gourdes au plus.

Amende actuelle : SEIZE PIASTRES. (*Loi du 10 août 1877, qui règle en monnaie forte les amendes, etc.*)

Art. **378.** — Tout détenteur ou gardien d'animaux ou de bestiaux soupçonnés d'être infectés de maladie contagieuse, qui n'aura pas averti, sur le champ, le juge de paix de la commune où ils se trouvent, et qui, même avant que le juge de paix ait répondu à l'avertissement, ne les aura pas tenus renfermés, sera puni d'un emprisonnement de six jours à deux mois et d'une amende de seize gourdes à quarante-huit gourdes.

Amende actuelle : HUIT PIASTRES *à* VINGT-QUATRE

PIASTRES. (*Loi du 10 août 1877, qui règle en monnaie forte les amendes, etc.*)

Art. **379**. — Seront également punis d'un emprisonnement de deux mois à six mois, et d'une amende de vingt gourdes à cent gourdes, ceux qui, au mépris des défenses de l'administration, auront laissé leurs animaux ou bestiaux infectés communiquer avec d'autres.

Amende actuelle : DIX PIASTRES *à* CINQUANTE PIASTRES. (*Loi du 10 août 1877, qui règle en monnaie forte les amendes, etc.*)

Art. **380**. — Si de la communication mentionnée au précédent article, il est résulté une contagion parmi les autres animaux, ceux qui auront contrevenu aux défenses de l'autorité administrative, seront punis d'un emprisonnement d'un an à trois ans ; le tout, sans préjudice de l'exécution des lois et règlements relatifs aux maladies épizootiques, et de l'application des peines portées. — *Pén.*, 378, 381.

Art. **381**. — Si les délits de police correctionnelle dont il est parlé au présent chapitre, ont été commis par des gardes champêtres ou forestiers, ou des officiers de police, à quelque titre que ce soit, la peine d'emprisonnement sera d'un mois au moins et d'un tiers au plus en sus de la peine la plus forte qui serait appliquée à un autre coupable du même délit. — *Pén.*, 26 et s.

Disposition générale.

Art. **382**, *ainsi modifié par la loi du 16 octobre 1858.* — Les peines prononcées par la loi contre celui ou ceux des accusés reconnus coupables, en faveur de qui le jury aura déclaré les circonstances atténuantes, seront modifiées ainsi qu'il suit :

Si la peine prononcée par la loi est la mort, le tribunal

appliquera la peine des travaux forcés à perpétuité ou celle des travaux forcés à temps.

Si la peine est celle des travaux forcés à perpétuité, le tribunal appliquera celle des travaux forcés à temps ou celle de la réclusion ou celle du bannissement.

Si la peine est celle de la détention ou de la réclusion, du bannissement ou de la dégradation civique, le tribunal appliquera celle de l'emprisonnement, sans pouvoir toutefois en réduire la durée au-dessous d'un an.

Dans tous les cas où une loi prononce le maximum d'une peine afflictive, s'il existe des circonstances atténuantes, le tribunal appliquera le minimum de la peine ou même la peine inférieure.

Dans tous les cas où la peine de l'emprisonnement et celle de l'amende sont prononcées par le Code pénal, si les circonstances paraissent atténuantes, les tribunaux correctionnels sont autorisés, même en cas de récidive, à réduire ces deux peines comme suit :

Si la peine prononcée par la loi, soit à raison de la nature du délit, soit à raison de l'état de récidive du prévenu, est un emprisonnement dont le minimum ne soit pas inférieur à un an, ou à une amende dont le minimum ne soit pas inférieur à quarante-huit piastres, les tribunaux pourront réduire l'emprisonnement jusqu'à six jours et l'amende jusqu'à quatre piastres. — *I. cr.*, 274. — *Pén.*, 26, 36.

Dans tous les autres cas, ils pourront réduire l'emprisonnement même au-dessous de six jours, et l'amende même au-dessous de quatre piastres.

Ils pourront aussi prononcer séparément l'une ou l'autre de ces peines, et même substituer l'amende à l'emprisonnement, sans qu'en aucun cas elle puisse être au-dessous des peines de simple police.

LOI N° 5.

Sur les contraventions de police et peines.

CHAPITRE PREMIER

DES PEINES.

Art. **383**. — Les peines de police sont :

L'emprisonnement dans une chambre de police. — *Pén.*, 10, 389.

L'amende. — *Pén.*, 36, 385 et s.

La confiscation de certains objets saisis. — *Pén.*, 10, 389.

Art. **384**. — L'emprisonnement ne pourra être moindre d'un jour ni excéder six mois, selon les classes, distinctions et cas ci-après spécifiés.

Les jours d'emprisonnement sont des jours complets de vingt-quatre heures. — *Pén.*, 26, 383.

Art. **385**. — Les amendes pour contraventions pourront être prononcées depuis une gourde jusqu'à vingt-cinq gourdes inclusivement, selon les distinctions et classes ci-après spécifiées et seront versées dans la caisse publique. — *Pén.*, 390.

Actuellement les amendes peuvent être prononcées depuis CINQUANTE CENTIMES *jusqu'à* DOUZE PIASTRES ET DEMIE. *(Loi du 10 août 1877, qui règle en monnaie forte les amendes, etc).*

Art. **386**. — La contrainte par corps a lieu pour le paiement de l'amende. — *Civ.*, 1829. — *Pr.*, 135.

Néanmoins, le condamné ne pourra être, pour cet objet, détenu plus d'un mois, s'il justifie de son insolvabilité.

Art. **387**. — En cas d'insuffisance des biens, les

restitutions et les indemnités dues à la partie lésée sont préférées à l'amende. — *Civ.*, 1168. — *I. cr.*, 144. — *Pén.*, 11.

Art. **388**, *ainsi modifié par la loi du 21 juillet 1898.* — Ces restitutions, indemnités et frais entraîneront la contrainte par corps. Si ces condamnations sont prononcées au profit de l'Etat, les condamnés pourront jouir de la faculté accordée par l'article 386 dans le cas d'insolvabilité prévue par cet article.

Et lorsque ces condamnations seront prononcées au profit de toutes autres parties, toute la durée de la contrainte sera de trois mois.

Art. **389**. — Les tribunaux de police pourront aussi, dans les cas déterminés par la loi, prononcer la confiscation, soit des choses saisies en contravention, soit des choses produites par la contravention, soit des matières ou des instruments qui ont servi ou étaient destinés à servir à la commettre. — *Pén.*, 10, 383, 391, 396, 400.

CHAPITRE II.

CONTRAVENTIONS ET PEINES.

SECTION PREMIÈRE.

PREMIÈRE CLASSE.

Art. **390**, *ainsi modifié par la loi du 27 juillet 1878.* — Seront punis d'amende depuis deux jusqu'à quatre piastres inclusivement : — *Pén.* 36, 383, 385 et s., 393, 401.

1° Ceux qui auront négligé d'entretenir, réparer ou nettoyer les fours, cheminées ou usines, où l'on fait usage du feu. — *Civ.*, 1168, 1504 et s. — *Pén.*, 377.

2° Ceux qui auront violé la défense de tirer, en

certains lieux, des pièces d'artifices ou des coups d'armes à feu. — *Pén.*, 391, 392 (1).

3° Ceux qui auront négligé de nettoyer les rues ou passages dans les communes où ce soin est laissé à la charge des habitants.

4° Ceux qui auront embarrassé la voie publique, en y déposant, en y laissant, sans nécessité, des matériaux ou des choses quelconques qui empêchent ou diminuent la liberté ou la sûreté du passage ; ceux qui auront négligé ou d'enlever ou d'éclairer les matériaux par eux entreposés, ou les excavations par eux faites dans les rues et places. — *Pén.*, 398-6°.

5° Ceux qui auront négligé ou refusé d'exécuter les règlements ou arrêtés concernant la petite voirie, ou d'obéir à la sommation émanée de l'autorité, de réparer ou de démolir les édifices menaçant ruine. — *Civ.*, 1172. — *Pén.*, 394-2°-9°, 398.

6° Ceux qui auront jeté ou exposé au devant de leurs édifices, des choses de nature à nuire par leur chute ou des exhalaisons insalubres. — *Pén.*, 254, 265, 394-7°, 395, 398-4°.

7° Ceux qui auront laissé dans les rues, chemins, places, lieux publics, ou dans les champs, des instruments aratoires, pinces, barres, barreaux, ou autres machines ou instruments, ou armes dont puissent abuser les voleurs et autres malfaiteurs. — *Pén.*, 330, 391, 394-2°-3°-4°-6°, 398,-6°.

(1) *Loi du 22 septembre 1892.* Article premier. — Quiconque aura tiré des coups de feu sur la voie publique ou provoqué par une rixe des troubles et du désordre, et qui sera reconnu provocateur, sera passible d'une amende de cinq cents gourdes au moins et mille gourdes au plus ; il sera en outre condamné à un emprisonnement de six mois à un an ; le tout sans préjudice des peines prévues au Code penal, pour les crimes et délits dont il se sera rendu coupable et de l'action civile, telle qu'elle est prévue par la loi. — *Pén.*, 37, 388.

8° Ceux qui, sans aucune circonstance prévue par la loi, auront cueilli ou mangé sur les lieux mêmes des fruits appartenant à autrui. — *Pén.*, 330.

9° Ceux qui, sans autres circonstances, auront glané, râtelé ou grapillé dans les champs non encore dépouillés et vidés de leurs récoltes, ou avant le moment du lever ou après celui du coucher du soleil. — *Pén.*, 330, 393.

10° Ceux qui, sans avoir été provoqués, auront proféré contre quelqu'un des injures, autres que celles prévues depuis l'article 313 jusques et y compris l'article 323.

11° Ceux qui, imprudemment, auront jeté des immondices sur quelque personne. — *Civ.*, 1168. — *Pén.*, 264, 265, 394-7°, 395, 398-4°.

12° Ceux qui auront laissé passer leurs bestiaux ou leurs bêtes de trait, de charge ou de monture dans les jardins d'autrui.

13° Ceux qui ne se seront pas conformés aux règlements et arrêtés légalement pris et publiés par l'autorité locale, en vertu de l'article 42, sauf les nos 5, 6, 7 et 8 de la loi sur les conseils communaux, du 4 juillet 1872, et des articles 29, 39 et 40 de la loi sur les conseils d'arrondissement du 20 novembre 1876 (1).

Art. **391**. — Seront en outre confisquées, les pièces d'artifice et armes à feu saisies dans le cas du n° 2 de l'article précédent, les instruments et les armes mentionnés dans le n° 7 du même article. — *Pén.*, 383, 389, 396, 400.

Art. **392**. — La peine d'emprisonnement, pendant deux jours au plus, pourra de plus être prononcée,

(1) Voy. *Recueil de lois usuelles de la République d'Haïti*, par Gustave Chaumette (2e partie). Loi du 11 octobre 1881 sur les conseils communaux.

selon les circonstances, contre ceux qui auront tiré des pièces d'artifice ou des coups d'armes à feu, et contre ceux qui auront glané, râtelé, ou grapillé, en contravention au n° 9 de l'article 390.

Art. **393.** — La peine d'emprisonnement contre toutes les personnes mentionnées en l'article 390, aura toujours lieu, en cas de récidive, pendant trois jours au plus. — *Pén.*, 26 et s., 383, 384, 410.

Section II
Deuxième Classe

Art. **394.** — Seront punis d'amende, depuis six gourdes jusqu'à dix gourdes inclusivement :

Amende actuelle : Depuis TROIS PIASTRES *jusqu'à* CINQ PIASTRES *inclusivement.* (*Loi du 10 août 1877, qui règle en monnaie forte les amendes, etc.*)

1° Les aubergistes, hôteliers, logeurs, ou loueurs de chambres garnies, qui auront négligé d'inscrire de suite et sans aucun blanc, sur un registre tenu régulièrement, les noms, qualités, domicile habituel, dates d'entrée et de sortie, de toute personne qui aurait couché ou passé une nuit dans leurs maisons, ceux d'entre eux qui auraient manqué à représenter ce registre aux époques déterminées par les règlements, ou lorsqu'ils en auraient été requis, aux juges de paix, adjoints ou officiers de police, ou aux citoyens commis à cet effet. — *Pén.*, 116, 287, 390.

2° Les rouliers, charretiers, cabrouetiers, conducteurs de voitures publiques, ou de bêtes de charge, qui auraient négligé de se tenir constamment à portée de leurs chevaux, bêtes de trait ou de charge, et de leurs voitures, et en état de les guider et conduire. — *Pén.*, 390-5°, 396, 398-3°.

3° Ceux qui auront fait ou laissé courir les chevaux, bêtes de trait, de charge ou de monture, dans l'intérieur des villes ou bourgs ; — *Pén.*. 390-5°, 395, 398 2°.

4° Ceux qui auront établi ou tenu dans les rues, chemins, places ou lieux publics, des jeux de loterie ou d'autre jeu de hasard. — *Pén.*, 342, 390-5°, 396-1°, 397.

5° Ceux qui auront vendu ou débité des boissons falsifiées ; sans préjudice des peines plus sévères qui seront prononcées par les tribunaux en matière correctionnelle, dans le cas où elles contiendraient des mixtions nuisibles à la santé. — *I. cr.*, 154 — *Pén.*, 243, 395, 396 2°.

6° Ceux qui auraient laissé divaguer des fous ou des furieux, étant sous leur garde, ou des animaux malfaisants ou féroces ; ceux qui auront excité ou n'auront pas retenu leurs chiens, lorsqu'ils attaquent ou poursuivent les passants, quand même il n'en serait résulté aucun mal ni dommage. — *Pén.*, 378, 390-5°, 398-3°

7° Ceux qui auraient jeté des pierres ou autres corps durs, ou des immondices, contre les maisons, édifices, ou clôtures d'autrui, ou dans les jardins ou enclos ; et ceux aussi, qui, auraient volontairement jeté des immondices sur quelqu'un. — *Pén.*, 390-6°-11°, 395, 398-4°.

8° Ceux qui auraient refusé de recevoir les pièces et monnaies nationales, non fausses ni altérées, selon la valeur pour laquelle elles ont cours.

9° Ceux qui, le pouvant, auront négligé ou refusé de faire les travaux, le service, ou de prêter le secours dont ils auront été requis, dans les circonstances d'accidents, tumultes, naufrage, inondation, incendie ou autres calamités, ainsi que dans les cas de brigandages, pillages, flagrant délit, clameur publique ou exécution judiciaire. — *Civ.*, 1176. — *I. cr.*, 31, 88. — *Pén.*, 73 et s., 361, 377.

10° Les personnes désignées aux articles 229 et 233 du présent Code. — *Pén.*, 396-3°.

Art. **395**. — Pourra, suivant les circonstances, être prononcé, outre l'amende portée en l'article précédent, l'emprisonnement pendant trois jours au plus, contre les rouliers, charretiers, cabrouetiers, voituriers et conducteurs en contravention ; contre ceux qui auront troublé la sécurité publique, par la rapidité ou la mauvaise direction des voitures ou des animaux ; contre les vendeurs et débitants de boissons falsifiées ; contre ceux qui auraient jeté des corps durs ou des immondices.

Art. **396**. — Seront saisis et confisqués :

1° Les tables, instruments, appareils des jeux de hasard ou des loteries, établis dans les rues, chemins et voies publics, ainsi que les enjeux, les fonds, denrées, objets ou lots proposés aux joueurs, dans le cas de l'article 394. — *Pén.*, 342, 394 4°.

2° Les boissons falsifiées trouvées appartenir au vendeur ou au débitant : les boissons seront répandues.

3° Les écrits, dessins, lithographies ou gravures contraires aux mœurs : ces objets seront brûlés. — *Pén.*, 229, 233.

Art. **397**. — La peine de l'emprisonnement pendant quatre jours au plus, sera toujours prononcée, en cas de récidive, contre toutes les personnes mentionnées dans l'article 394.

Section III

Troisième Classe

Art. **398**. — Seront punis d'une amende de onze gourdes à quinze gourdes inclusivement :

Amende actuelle : CINQ PIASTRES ET DEMIE *à* SEPT PIASTRES ET DEMIE. (*Loi du 10 août 1877, qui règle en monnaie forte les amendes, etc.*)

1° Ceux qui, hors les cas prévus par l'article 356 jusques et y compris l'article 381, auront volontairement causé du dommage aux propriétés mobilières d'autrui. — *Pén.*, 401, 410.

2° Ceux qui auront maltraité inhumainement des animaux non malfaisants.

3° Ceux qui auront occasionné la mort ou la blessure des animaux ou bestiaux appartenant à autrui, par l'effet de la divagation des fous ou furieux, d'animaux malfaisants ou féroces, ou par la rapidité ou la mauvaise direction, ou le chargement excessif des voitures, chevaux, bêtes de trait, de charge ou de monture.

4° Ceux qui auront occasionné les mêmes dommages par l'emploi ou l'usage d'armes, sans précaution ou avec maladresse, ou jet de pierres ou autres corps durs. *Civ.*, 1168. — *Pén.*, 390-6°-11°, 394-7°, 399-2°.

5° Ceux qui auront causé les mêmes accidents par la vétusté, la dégradation, le defaut de réparation ou d'entretien des maisons ou édifices, ou par l'encombrement ou l'excavation, ou telles autres œuvres, dans ou près des rues, chemins, places, ou voies publiques, sans précautions ou signaux ordonnés ou d'usage. — *Pén.*, 399-1°-5°.

6° Ceux qui auront de faux poids ou de fausses mesures dans leurs magasins, boutiques, ateliers ou maisons de commerce, ou dans les halles, foires ou marchés ; sans préjudice des peines qui seront prononcées par les tribunaux en matière de police correctionnelle, contre ceux qui auraient fait usage de ces faux poids ou de ces fausses mesures.

7° Ceux qui emploieront des poids ou des mesures différents de ceux qui sont établis par les lois en vigueur. — *Pén.*, 399-4°.

8° Les auteurs ou complices de bruits ou tapages troublant, pendant le jour ou durant la nuit, la tranquillité des habitants. — *Pén.*, 399-5°.

Art. **399**. — Pourra, selon les circonstances, être prononcée la peine d'emprisonnement pendant quatre jours au plus. — *Pén.*, 26, 383, 384.

1° Contre ceux qui auront maltraité inhumainement des animaux non malfaisants. — *Pén.*, 398-2°.

2° Contre ceux qui auront occasionné la mort ou la blessure des animaux ou bestiaux appartenant à autrui, dans les cas prévus par le n° 4 du précédent article. — *Pén.*, 372 et s.

3° Contre les possesseurs de faux poids et fausses mesures. — *Pén.*, 345, 346, 398-6°-7°, 400.

4° Contre ceux qui emploient des poids ou des mesures différents de ceux que la loi en vigueur a établis. — *Pén.*, 398, 7°.

5° Contre les auteurs ou complices de bruits ou tapages. — *Pén.*, 398-8°.

Art. **400**. — Seront de plus saisis et confisqués les faux poids, les fausses mesures, ainsi que les poids et mesures différents de ceux que la loi a établis. — *Pén.*, 10, 383, 389, 399-3°-4°.

Art. **401**. — La peine d'emprisonnement pendant cinq jours aura toujours lieu pour récidive, contre les personnes et dans les cas mentionnés en l'article 398. — *Pén.*, 26, 383, 384, 400.

Section IV

Quatrième Classe

Des voies de fait.

Art. **402**. — Toutes voies de fait qui n'auront occasionné ni contusion ni blessure, seront punies de cinq à vingt-cinq jours d'emprisonnement et d'une amende de cinq gourdes à vingt-cinq gourdes. — *Pén.*, 10, 36, 272.

Amende actuelle : DEUX PIASTRES ET DEMIE *à* DOUZE PIASTRES ET DEMIE. *(Loi du 10 août 1877, qui règle en monnaie forte les amendes, etc.)*

Section V

Cinquième Classe

Du vagabondage.

Cette section composée des articles 403 et 404, a été abrogée par la loi du 27 octobre 1864, et remplacée par la section V, § 2, articles 228, 229, 230, 231 et 232 du présent Code pénal.

Section VI

Sixième Classe

Des sortilèges.

Art. **405**, *ainsi modifié par la loi du 27 octobre 1864.* — Tous faiseurs de ouangas, caprelatas, vaudoux, dompèdre, macandals et autres sortilèges seront punis de trois à six mois d'emprisonnement et d'une amende de soixante gourdes à cent cinquante, (*a*) par le tribunal de simple police ; et en cas de récidive, d'un emprisonnement de six mois à deux ans et d'une amende de trois cents gourdes à mille gourdes, (*b*) par le tribunal correctionnel, sans préjudice des peines plus fortes qu'ils encourraient à raison des délits ou crimes par eux commis pour préparer ou accomplir leurs maléfices.

(*a*) QUINZE PIASTRES *à* TRENTE-SEPT PIASTRES ET DEMIE.

(*b*) SOIXANTE-QUINZE PIASTRES *à* DEUX CENT CINQUANTE PIASTRES. (*Loi du 10 août 1877, qui règle en monnaie forte les amendes, etc.*)

Toutes danses et autres pratiques quelconques qui seront de nature à entretenir dans les populations l'esprit de fétichisme et de superstition seront considérées comme sortilèges et punies des mêmes peines.

Art. **406**, *également modifié.* — Les gens qui font métier de dire la bonne aventure ou de deviner, de pronostiquer, d'expliquer les songes ou de tirer les cartes, seront punis d'un emprisonnement de deux mois au moins et de six mois au plus et d'une amende de cent gourdes à cinq cents gourdes.

Tous individus condamnés pour les délits prévus au présent article et en l'article 405 subiront leur peine dans les prisons maritimes et seront employés aux travaux de la marine.

Ils seront, en outre, à l'expiration de leur peine, placés sous la surveillace de la haute police de l'Etat pendant deux ans, par le seul fait de leur condamnation.

Art. **407**, *modifié comme suit par la loi du 27 octobre 1864.* — Les instruments, ustensiles et costumes servant ou destinés à servir aux faits prévus aux deux articles précédents, seront de plus saisis et confisqués pour être brûlés ou détruits. — *Pen.*, 405, 406.

Section VII
Septième Classe
Des larcins.

Art. **408**, *ainsi modifié par la loi du 18 septembre 1870 qui a modifié celle du 16 novembre 1860.* — Tout vol d'objets dont la valeur n'excédera pas vingt piastres ou six mille gourdes, et qui sera commis sans aucune des circonstances prévues aux articles 326, 327, 328 et 329 du présent Code, est qualifié larcin.

Art. **409**. — Tout larcin sera puni d'un mois à six mois d'emprisonnement. — *Pén.*, 26.

Le coupable sera, pendant la durée de sa peine, employé aux travaux publics de la commune ; la disposition de l'article 333 ci-dessus lui sera en outre appliquée.

Disposition commune aux sept sections ci-dessus.

Art. **410**. — Il y a récidive, dans tous les cas prévus par la présente loi, lorsqu'il a été rendu contre le contrevenant, dans les douze mois précédents, un premier jugement pour contravention de police.

Dispositions générales.

Art. **411**. — Le présent Code sera exécutoire dans toute la République, à dater du premier janvier 1836.

Art. **412**. — Dans toutes les matières qui n'ont pas été réglées par le présent Code et qui sont régies par des lois et règlements particuliers, les tribunaux continueront de les observer.

Art. **413**. — Le présent Code sera expédié au Sénat conformément à la Constitution.

FIN DU CODE PÉNAL

TABLE GÉNÉRALE DES MATIÈRES

DU

CODE PÉNAL

FIN DE LA TABLE GÉNÉRALE DES MATIÈRES DU CODE PÉNAL

CODE D'INSTRUCTION CRIMINELLE

CODE D'INSTRUCTION CRIMINELLE

Chambre des représentants, 14 juillet ;

Sénat, 30 juillet, Promulgué le 31 juillet 1835.

LOI N° 1

Sur les dispositions préliminaires.

Article premier. — L'action pour l'application des peines n'appartient qu'aux fonctionnaires auxquels elle est confiée par la loi. — *Inst. crim.* 9, 13, 44, 125, 116, 119, 155, 177, 180, 281, 301, 464.

L'action en réparation du dommage causé par un crime, par un délit ou par une contravention, peut être exercée par tous ceux qui ont souffert de ce dommage. — *Civ.*, 1168, 1169. — *Com.*, 583, 585. — *I. cr.*, 2, 13, 63, 64, 66, 99, 115, 125, 129, 134, 142, 147, 158 166, 170, 173, 175, 192, 249, 253, 268, 291, 294, 298, 300, 305, 319, 320, 326, 339, 352, 355, 428, 431, 466, 467. — *Pen.*, 1.

Art. **2.** — L'action publique, pour l'application de la peine, s'éteint par la mort du prévenu. — *Civ* , 32.

L'action civile, pour la réparation du dommage, peut être exercée contre le prévenu et contre ses représentants. — *Civ.*, 581, 707, 914, 1169. — *I. cr.*, 1, 3.

L'une et l'autre actions s'éteignent par la prescription, ainsi qu'il est réglé en la loi N° 8, chapitre V *de la Prescription. I. cr.*, 464 à 472.

Art. **3.** — L'action civile peut être poursuivie en

même temps et devant les mêmes juges que l'action publique. — *I. cr.*, 1, 2, 4, 53.

Elle peut aussi l'être séparément ; dans ce cas, l'exercice en est suspendu, tant qu'il n'a pas été prononcé définitivement sur l'action publique intentée avant ou pendant la poursuite de l'action civile. — *Civ.*, 222. — *Pr.*, 240, 241. — *I. cr.*, 53, 116, 125, 177, 180, 281, 290, 294, 298, 301, 464 et s. — *Pén.*, 86.

Le présent article ne déroge point aux dispositions consacrées par le Code de commerce, relativement à l'administration des biens des faillis. — *Com.*, 521 et s., 533 et s., 552, 558 et s., 570.

Art. **4.** — La renonciation à l'action civile ne peut arrêter ni suspendre l'exercice de l'action publique. — *Civ.*, 1812. — *Pr.*, 250. *I. cr.*, 1, 50 et s., 158.

Art. **5.** — Tout haïtien qui se sera rendu coupable, hors du territoire d'Haïti, d'un crime attentatoire à la sûreté de l'Etat, de contrefaction des monnaies nationales ayant cours, de papiers nationaux, de billets de banque autorisés par la loi, sera, aussitôt qu'il sera saisi, poursuivi, jugé et puni en Haïti, d'après les dispositions des lois haïtiennes. — *Civ.*, 5. — *I. cr.*, 6, 7, 15.

Art. **6.** — Cette disposition sera étendue aux étrangers qui, auteurs ou complices des mêmes crimes, seraient arrêtés en Haïti, ou dont le gouvernement obtiendrait l'extradition. — *Civ.*, 5. — *I. cr.*, 15, 365.

Art. **7.** — Tout haïtien qui se sera rendu coupable, hors du territoire de la République, d'un crime contre un haïtien, sera à son retour en Haïti, poursuivi et jugé, si déjà il ne l'avait pas été en pays étranger, et si l'haïtien offensé rend plainte contre lui. — *I. cr.*, 5, 15, 50.

LOI N° 2

Sur la police judiciaire et les officiers et agents de police qui l'exercent.

CHAPITRE PREMIER

DE LA POLICE JUDICIAIRE.

Art. **8**. — La police judiciaire recherche les crimes, les délits et les contraventions, en rassemble les preuves, et en livre les auteurs aux tribunaux chargés de les punir.— *Pr.*, 15 et s., 94.— *I. cr.*, 9, 10, 13, 38, 44, 188, 394.

Art. **9**. — La police judiciaire sera exercée, suivant les dispositions qui vont être établies, par le ministère public, par les juges d'instruction, par les juges de paix et par les agents de la police rurale et urbaine. — *I. cr.*, 10 et s., 38, 69, 380, 451.

CHAPITRE II

DES AGENTS DE LA POLICE RURALE ET URBAINE.

Art. **10**. — Les agents de la police rurale et urbaine sont chargés de rechercher les crimes, les délits et les contraventions qui auront porté atteinte aux personnes ou aux propriétés. — *I. cr.*, 8, 9, 38.

Ils feront leur rapport au juge de paix de la commune sur la nature, les circonstances, le temps et le lieu des crimes, des délits et des contraventions, ainsi que sur les preuves et les indices qu'ils auront pu en recueillir. — *I. cr.*, 11, 16, 135.

Ils suivront les choses enlevées, dans les lieux où elles auront été transportées, et les mettront en séquestre. — *Civ.*, 928, 1729. — *Pr.*, 681-5°. — *I. cr.*, 9, 25. — *Pén.*, 145.

Ils arrêteront et conduiront devant le juge de paix tout individu qu'ils auront surpris en flagrant délit, ou qui sera dénoncé par la clameur publique. — *I. cr.*, 31, 88.

CHAPITRE III

DES JUGES DE PAIX.

Art. **11.** — Les juges de paix ou leurs suppléants, dans l'étendue de leurs communes, rechercheront les crimes, les délits et les contraventions ; ils recevront les rapports, dénonciations et plaintes qui y sont relatifs. — *I. cr.*, 10, 50.

Ils consigneront, dans les procès-verbaux qu'ils rédigeront à cet effet, la nature et les circonstances des contraventions, délits et crimes ; le temps et le lieu où ils auront été commis, les preuves et indices à la charge de ceux qui en seront présumés coupables. — *I. cr.*, 10, 22, 32, 120, 134, et s., 166, 172, 202, 211, 274, 307, 350, 359, 375, 394, 399, 451.

Art. **12.** — Lorqu'il s'agira d'un fait qui devra être porté devant un tribunal, soit correctionnel, soit criminel, les juges de paix ou leurs suppléants expédieront à l'officier par qui seront remplies les fonctions du ministère public près ledit tribunal, toutes les pièces et renseignements, dans les trois jours, au plus tard, y compris celui où ils ont reconnu le fait sur lequel ils ont procédé. — *I. cr.*, 125.

CHAPITRE IV

DES COMMISSAIRES DU GOUVERNEMENT

SECTION PREMIÈRE

De la compétence des commissaires du gouvernement relativement à la police judiciaire.

Art. **13.** — Les commissaires du gouvernement sont

chargés de la recherche et de la poursuite de tous les crimes ou délits dont la connaissance appartient aux tribunaux civils jugeant au correctionnel ou au criminel. — *I. cr.*, 14, 25, 51, 59, 67, 96, 103.

Art. **14**. — Sont également compétents pour remplir les fonctions déléguées par l'article précédent, le commissaire du gouvernement du lieu du crime ou délit, celui de la résidence du prévenu, et celui du lieu où le prévenu pourra être trouvé. — *I. cr.*. 15, 19, 50, 56.

Art. **15**. — Ces fonctions, lorsqu'il s'agira de crimes ou de délits commis hors du territoire haïtien, dans les cas énoncés aux articles 5, 6 et 7, ci dessus, seront remplies par le commissaire du gouvernement du lieu ou résidera le prévenu, ou par celui du lieu où il pourra être trouvé, ou par celui de sa résidence connue. — *I. cr.*, 14, 50, 56, 365.

Art. **16**. — Les commissaires du gouvernement et tous les autres officiers de police judiciaire auront, dans l'exercice de leurs fonctions, le droit de requérir directement la force publique. — *I. cr.*, 9, 85, 90, 308.

Art. **17**. — Le commissaire du gouvernement sera, en cas d'empêchement, remplacé par un juge commis à cet effet par le tribunal. — *Pr.*, 90. — *I. cr.*, 45.

Art. **18**. — Les commissaires du gouvernement pourvoiront à l'envoi, à la notification et à l'exécution des ordonnances qui seront rendues par le juge d'instruction, d'après les règles qui seront ci-après établies au chapitre des *Juges d'instruction*.— *Pr.*, 78.— *I. cr.*, 13, 46, 59.

SECTION II

Mode de procéder des commissaires du gouvernement dans l'exercice de leurs fonctions.

Art. **19**. — Toute autorité constituée, tout fonctionnaire ou officier public qui, dans l'exercice de ses fonctions, acquerra la connaissance d'un crime ou d'un délit, sera tenu d'en donner avis sur le champ au commissaire du gouvernement dans le ressort duquel ce crime, ou ce délit aura été commis, ou dans lequel le prévenu pourrait être trouvé, et de transmettre à ce magistrat tous les renseignements, procès-verbaux et actes qui y seront relatifs. — *I. cr.*, 10, 13, 20, 50.

Art. **20**. — Toute personne qui aura été témoin d'un attentat, soit contre la sûreté publique, soit contre la vie ou la propriété d'un individu, sera pareillement tenu d'en donner avis au commissaire du gouvernement, soit du lieu du crime ou délit, soit du lieu où le prévenu pourra être trouvé. — *Civ.*, 587-3°. — *I. cr.*, 13, 21, 30, 38, 256-6°, 290, 291, 380, 384, 388.— *Pén.*, 17.

Art. **21**. — Les dénonciations seront rédigées par les dénonciateurs ou par leurs fondés de procuration spéciale, ou par le commissaire du gouvernement s'il en est requis ; elles seront toujours signées par le commissaire du gouvernement à chaque feuillet, et par les dénonciateurs ou par leurs fondés de pouvoirs. — *Civ.*, 1751. *I. cr.*, 20.

Si les dénonciateurs ou leurs fondés de pouvoirs, ne savent ou ne veulent pas signer, il en sera fait mention. — *I. cr.*, 23, 32.

La procuration demeurera toujours annexée à la dénonciation ; et le dénonciateur pourra se faire délivrer, mais à ses frais, une copie de sa dénonciation. — *I. cr.*, 29, 38, 50, 290.

Art. **22**. — Dans tous les cas de flagrant délit, lorsque le fait sera de nature à entraîner une peine afflictive ou infamante, le commissaire du gouvernement se transportera, s'il est possible, sur le lieu, sans aucun retard, pour y dresser les procès-verbaux nécessaires à l'effet de constater le corps du délit, son état, l'état des lieux, et pour recevoir les déclarations des personnes qui auraient été présentes, ou qui auraient des renseignements à donner. — *I. cr.*, 10, 23, 26, 31, 37, 47.

Le commissaire du gouvernement donnera avis de son transport au juge d'instruction, sans être toutefois tenu de l'attendre pour procéder, ainsi qu'il est dit au présent chapitre. — *I. cr.*, 1, 13, 44.

Art. **23**. — Le commissaire du gouvernement pourra aussi, dans le cas de l'article précédent, appeler à son procès-verbal les parents, voisins ou domestiques présumés en état de donner des éclaircissements sur le fait ; il recevra leurs déclarations, qu'ils signeront.

Les déclarations reçues en conséquence du présent article et de l'article précédent, seront signées par les parties, ou, en cas de refus, il en sera fait mention. — *I. cr.*, 21, 32.

Art. **24**. — Il pourra défendre que qui que ce soit sorte de la maison, ou s'éloigne du lieu, jusqu'après la clôture de son procès-verbal. — *Pr.*, 94. — *I. cr.*, 36, 394.

Tout contrevenant à cette défense sera, s'il peut être saisi, déposé dans la maison d'arrêt ; la peine encourue pour la contravention sera prononcée par le juge d'instruction, sur les conclusions du commissaire du gouvernement, après que le contrevenant aura été cité et entendu, ou par défaut, s'il ne comparaît pas, sans autre formalité ni délai, et sans opposition ni appel.

La peine ne pourra excéder dix jours d'emprisonnement et quatre-vingts gourdes d'amende.— *Pr.*, 94. — I. *cr.*, 36, 394.

Amende actuelle : VINGT PIASTRES. *(Loi du 10 Août 1877, qui règle en monnaie forte les amendes, etc.)*

Art. **25**. — Le commissaire du gouvernement se saisira des armes, et de tout ce qui paraîtra avoir servi ou avoir été destiné à commettre le crime ou le délit, ainsi que tout ce qui paraîtra en avoir été le produit, enfin de tout ce qui pourra servir à la manifestation de la vérité ; il interpellera le prévenu de s'expliquer sur les choses saisies qui lui seront représentées ; il dressera du tout un procès-verbal, qui sera signé par le prévenu. ou qui portera la mention de son refus. — *I. cr.*, 10 et s., 28 et s., 47, 75, 119, 135.

Art. **26**. — Si la nature du crime ou du délit est telle, que la preuve puisse vraisemblablement être acquise par les papiers ou autres pièces et effets en la possession du prévenu, le commissaire du gouvernement se transportera de suite dans le domicile du prévenu, pour y faire la perquisition des objets qu'il jugera utiles à la manifestation de la vérité. — *I. cr.*, 11, 22, 27 et s., 36 et s., 46, 73, 365.

Art. **27**. — S'il existe, dans le domicile du prévenu, des papiers ou effets qui puissent servir à conviction ou à décharge, le commissaire du gouvernemnnt en dressera procès-verbal, et se saisira desdits effets ou papiers. — *I. cr.*, 10, 26, 28, 29, 32, 36, 47, 73, 118, 166, 190, 211, 262, 355, 375.

Art. **28**. — Les objets saisis seront clos et cachetés, si faire se peut ; ou s'ils ne sont pas susceptibles de recevoir des caractères d'écriture, ils seront mis dans un vase ou dans un sac, sur lequel le commissaire du gouvernement attachera une bande de papier qu'il scellera de son sceau. — *I. cr.*, 25, 29, 32, 36, 75, 81.

Art. **29**. — Les opérations prescrites par les articles précédents seront faites en présence du prévenu, s'il a été arrêté ; et s'il ne veut ou ne peut y assister, en présence d'un fondé de pouvoir qu'il pourra nommer. Les objets lui seront présentés, à l'effet de les reconnaître et de les parapher, s'il y a lieu ; et, au cas de refus, il en sera fait mention au procès-verbal. — *Civ.*, 1751. — *I. cr.*, 25, 75.

Art. **30**. — Dans le cas de flagrant délit, le commissaire du gouvernement fera saisir les prévenus présents, contre lesquels il existerait des indices graves, et, après les avoir interrogés, décernera contre eux le mandat de dépôt. — *I. cr.*, 10, 31 et s.

Si le prévenu n'est pas présent, le commissaire du gouvernement rendra une ordonnance à l'effet de le faire comparaître : cette ordonnance s'appelle *mandat d'amener*.

La dénonciation seule ne constitue pas une présomption suffisante pour décerner cette ordonnance contre un individu ayant domicile. — *Civ.*, 91. — *I. cr.*, 20 et s.

Le commissaire du gouvernement interrogera sur le champ le prévenu amené devant lui et, s'il y a lieu, décernera contre lui un mandat de dépôt. — *I. cr.*, 166.

Art. **31**. — Le délit qui se commet actuellement, ou qui vient de se commettre, est un flagrant délit. — *I. cr.*, 10, 22 et s., 36 et s., 46 et s., 88.

Seront aussi réputés flagrant délit : le cas où le prévenu est poursuivi par la clameur publique et celui où le prévenu est trouvé saisi d'effets, armes, instruments ou papiers faisant présumer qu'il est auteur ou complice, pourvu que ce soit dans un temps voisin du délit. — *I. cr.*, 25, 75. — *Pén.*, 90.

Art. **32.** — Les procès-verbaux du commissaire du gouvernement, en exécution des articles précédents, seront faits et rédigés en présence et revêtus de la signature du juge de paix de la commune dans laquelle le crime ou le délit aura été commis, ou de son suppléant, ou de deux citoyens domiciliés dans la même commune.

Pourra néanmoins le commissaire du gouvernement dresser les procès-verbaux, sans assistance de témoins, lorsqu'il n'y aura pas possibilité de s'en procurer tout de suite.

Chaque feuillet du procès-verbal sera signé par les personnes qui y auront assisté; en cas de refus ou d'impossibilité de signer de la part de celles-ci, il en sera fait mention. — *I. cr.* 21 et s.

Art. **33.** — Le commissaire du gouvernement se fera accompagner, au besoin, d'une ou de deux personnes présumées, par leur art ou profession, capables d'apprécier la nature et les circonstances du crime ou du délit.

Art. **34.** — S'il s'agit d'une mort violente, ou d'une mort dont la cause soit inconnue et suspecte, le commissaire du gouvernement se fera assister d'un ou deux médecins, chirurgiens, ou officiers de santé, qui feront leur rapport sur les causes de la mort et sur l'état du cadavre. — *Civ.*, 80, 81. — *I. cr.*, 33, 47.

Les personnes appelées, dans les cas du présent article et de l'article précédent, prêteront, devant le commissaire du gouvernement, le serment de faire leur rapport et de donner leur avis en leur honneur et conscience. — *I. cr.*, 62, 66, 137, 246, 251, 265, 287.

Art. **35.** — Le commissaire du gouvernement transmettra, sans délai, au juge d'instruction, les procès-verbaux, actes, pièces et instruments dressés ou saisis en conséquence des articles précédents, pour être procédé ainsi qu'il sera dit au chapitre VI, *Des juges d'instruction*; et le prévenu restera sous la main de la justice, en état de *mandat d'amener*. — *I. cr.*, 25 et s., 43 et s.

Art. **36.** — Les attributions faites ci-dessus au commissaire du gouvernement pour les cas de flagrant délit, auront lieu aussi toutes les fois que, s'agissant d'un crime ou d'un délit, même non flagrant, commis dans l'intérieur d'une maison ou habitation, le chef de cette maison ou habitation requerra le commissaire du gouvernement de le constater.

Ar. **37.** — Hors les cas énoncés dans les articles 32 et 36, le commissaire du gouvernement, instruit, soit par une dénonciation, soit par tout autre voie, qu'il a été commis, dans son ressort, un crime ou un délit, ou qu'une personne qui en est prévenue se trouve dans son ressort, sera tenu de requérir le juge d'instruction, d'ordonner qu'il en soit informé, même de se transporter, s'il est besoin, sur les lieux, afin d'y dresser tous les procès-verbaux nécessaires, ainsi qu'il sera dit au chapitre *Des juges d'instruction*. — *I. cr.*, 13, 20 et s., 48 et s. — *Pén.*, 145.

CHAPITRE V

DES OFFICIERS ET AGENTS DE LA POLICE RURALE ET URBAINE, AUXILIAIRES DU COMMISSAIRE DU GOUVERNEMENT.

Art. **38.** — Les juges de paix et les agents de la

police rurale et urbaine recevront les dénonciations des crimes ou délits commis dans les lieux où ils exercent leurs fonctions habituelles. — *I. cr.*, 9, 20 et s., 30, 125.

Art. **39**. — Dans le cas de flagrant délit, ou dans le cas de réquisition d'un chef de maison ou d'habitation, les juges de paix dresseront les procès-verbaux, recevront les déclarations des témoins, feront les visites et les actes qui sont, aux dits cas, de la compétence des commissaires du gouvernement, le tout dans les formes et suivant les règles établies au chapitre *Des commissaires du gouvernement*. — *I. cr.*, 22, 32 et s.

Dans les mêmes cas, les agents de la police rurale et urbaine feront leur rapport au juge de paix qui en dressera procès-verbal.

Art. **40**. — Dans les cas de concurrence entre les commissaires du gouvernement et les juges de paix et agents de police énoncés aux articles précédents, le commissaire du gouvernement fera les actes attribués à la police judiciaire ; s'il a été prévenu, il pourra continuer la procédure, ou autoriser l'officier qui l'aura commencée à la suivre. — *I. cr.*, 13, 41, 50 et s.

Art. **41**. — Le commissaire du gouvernement, exerçant son ministère dans les cas des articles 22 et 36, pourra, s'il le juge utile et nécessaire, charger un officier ou agent de police auxiliaire de partie des actes de sa compétence. — *I. cr.*, 22, 36 et s.

Art. **42**. — Les officiers et agents de police auxiliaires renverront, sans délai, les dénonciations, procès-verbaux et autres actes par eux faits, dans les cas de leur compétence, au commissaire du gouvernement, qui sera tenu d'examiner sans retard, les procédures et de les transmettre, avec les réquisitions qu'il jugera convenables, au juge d'instruction.

Art. **43.** — Dans les cas de dénonciation de crimes ou délits autres que ceux qu'ils sont directement chargés de constater, les officiers de police judiciaire transmettront aussi, sans délai, au commissaire du gouvernement, les dénonciations qui leur auront été faites, et le commissaire du gouvernement les remettra au juge d'instruction, avec son réquisitoire. — *I. cr.*, 13, 20, 35 et s.

CHAPITRE VI

DES JUGES D'INSTRUCTION.

SECTION PREMIÈRE

Du juge d'instruction.

Art. **44.** — Il y aura, pour le ressort de chaque tribunal civil, un juge d'instruction (1). Il sera désigné par le Président d'Haïti, parmi les juges du tribunal civil, et nommé pour trois ans : il pourra être continué plus longtemps, et il conservera séance au jugement des affaires civiles, suivant le rang de sa réception. — *I. cr.*, 43, 101, et s., 182, 198, 263, 322, 335, 380, 401, 404, 447 et s.

Il pourra concourir au jugement des affaires correctionnelles qu'il aura instruites.

Art. **45.** — Si le juge d'instruction est absent, malade ou autrement empêché, le tribunal nommera l'un des juges pour le remplacer. — *Pr.*, 90, — *I. cr.*, 17.

SECTION II

Fonctions du juge d'instruction.

DISTINCTION PREMIÈRE

Des cas de flagrant délit.

Art. **46.** — Le juge d'instruction, dans tous les cas

(1) Néanmoins, à cause de la multiplicité des affaires, il y a pour le tribunal civil de Port-au-Prince, trois juges d'instruction et deux pour celui du Cap-Haïtien.

réputés flagrant délit, peut faire directement et par lui-même, tous les actes attribués au commissaire du gouvernement, en se conformant aux règles établies au chapitre *Des commissaires du gouvernement.*

Le juge d'instruction peut requérir la présence du commissaire du gouvernement, sans aucun retard néanmoins des opérations prescrites dans le dit chapitre. — *I. cr.*, 13, 26, 31, 47 et s.

Art. 47. — Lorsque le flagrant délit aura déjà été constaté, et que le commissaire du gouvernement transmettra les actes et pièces au juge d'instruction, celui-ci sera tenu de faire, sans délai, l'examen de la procédure. — *I. cr.*, 22 et s.

Il peut refaire les actes ou ceux des actes qui ne lui paraîtraient pas complets. — *I. cr.*, 46.

Distinction II

De l'instruction.

Paragraphe Premier

Dispositions générales.

Art. 48. — Hors les cas de flagrant délit, le juge d'instruction ne fera aucun acte d'instruction et de poursuite, qu'il n'ait donné communication de la procédure au commissaire du gouvernement ; il la lui communiquera pareillement, lorsqu'elle sera terminée. et le commissaire du gouvernement fera les réquisitions qu'il jugera convenables, sans pouvoir retenir la procédure plus de trois jours. — *I. cr.*, 13, 39, 42, 51, 57, 109, 198.

Néanmoins, le juge d'instruction délivrera, s'il y a lieu, le mandat d'amener, et même le mandat de dépôt, sans que ces mandats doivent être précédés des conclusions du commissaire du gouvernement. — *I. cr.*, 30, 77.

Art. **49**. — Lorsque le juge d'instruction se transportera sur les lieux, il sera toujours accompagné du commissaire du gouvernement et assisté du greffier du tribunal.

§ II

Des plaintes.

Art. **50**. — Toute personne qui se prétendra lésée par un crime ou un délit, pourra en rendre plainte et se constituer partie civile devant le juge d'instruction, soit du lieu du crime ou délit, soit du lieu de la résidence du prévenu, soit du lieu où il pourra être trouvé. — *I. cr.*, 11 et s., 51, 58, 159, 290, 353.

Art. **51**. — Les plaintes qui auraient été formées devant le commissaire du gouvernement, seront par lui transmises au juge d'instruction avec son réquisi toire ; celles qui auraient été présentées aux officiers auxiliaires de police, seront par eux envoyées au commissaire du gouvernement, et transmises par lui au juge d'instruction, aussi avec son réquisitoire. — *I. cr.*, 35 et s., 42 et s.

Dans les matières du ressort de la police correctionnelle, la partie lésée pourra s'adresser directement au tribunal correctionnel, dans la forme qui sera ci-après réglée. — *Pr.* 78. — *I. cr.*, 53, 120, 155 et s.

Art. **52**. — Les dispositions de l'article 21, concernant les dénonciations, seront communes aux plaintes.

Art. **53**. — Les plaignants ne seront réputés partie civile, s'ils ne le déclarent formellement, soit par la plainte, soit par un acte subséquent, ou s'ils ne prennent, par l'une ou par l'autre, des conclusions en dommages intérêts ; ils pourront se départir dans les vingt-quatre heures ; dans le cas du désistement, ils ne sont pas tenus des frais depuis qu'il aura été signifié, sans préjudice des dommages-intérêts des prévenus, s'il y a lieu. — *Civ.*, 939, 1168. — *Pr.*, 78, 939 et s. — *I. cr.*, 1, 4, 50 et s., 290. — *Pén.*, 318.

Art. **54.** — Les plaignants pourront se porter partie civile en tout état de cause, jusqu'à la clôture des débats ; mais, en aucun cas, leur désistement après le jugement ne peut être valable, quoiqu'il ait été donné dans les vingt-quatre heures de leur déclaration qu'ils se portent en partie civile. — *I. cr.*, 1, 53, 55.

Art. **55.** — Toute partie civile qui ne demeurera pas pas dans la commune où se fait l'instruction, sera tenue d'y élire domicile par acte passé au greffe du tribunal. — *Civ.*, 98. — *I. cr.*, 106.

A défaut d'élection de domicile par la partie civile, elle ne pourra opposer le défaut de signification contre les actes qui auraient dû lui être signifiés aux termes de la loi. — *Pr.*, 78. — *I. cr.*, 98, 163.

Art. **56.** — Dans le cas où le juge d'instruction ne serait ni celui du crime ou du délit, ni celui de la résidence du prévenu, ni celui du lieu où il pourra être trouvé, il renverra la plainte devant le juge d'instruc· qui pourrait en connaître. — *I. cr.*, 14 et s.

Art. **57.** — Le juge d'instruction compétent pour connaître de la plainte, en ordonnera la communication au commissaire du gouvernement, pour être par lui requis ce qu'il appartiendra. — *I. cr.*, 37, 48.

§ III

De l'audition des témoins

Art. **58.** — Le juge d'instruction fera citer devant lui les personnes qui auront été indiquées par la dénonciation, par la plainte, par le commissaire du gouvernement, ou autrement, comme ayant connaissance, soit du crime ou du délit, soit de ses circonstances. — *I. cr.*, 22, 36 et s., 134, 160, 190, 209, 249, 254, 347 et s., 403. — *Pén.*, 28 et s.

Art. **59**. — Les témoins seront cités par un huissier, ou par un agent de la force publique, à la requête du commissaire du gouvernement. — *Pr.*, 78. — *I. cr.*, 13, 61, 83, 126, 158, 190, 288, 400.

Art. **60**. — Ils seront entendus séparément, hors de la présence du prévenu, par le juge d'instruction, assisté de son greffier. — *Pr.*, 263. — *I. cr.*, 49, 62, 251, 265.

Art. **61**. — Ils représenteront, avant d'être entendus. la citation qui leur aura été donnée pour déposer ; et il en sera fait mention dans le procès-verbal. — *I. cr.*, 59, 64.

Art. **62**. — Les témoins prêteront serment de dire toute la vérité, rien que la vérité ; le juge d'instruction leur demandera leurs noms, prénoms, âge, état, profession, demeure, s'ils sont domestiques, parents ou alliés des parties, et à quel degré : il sera fait mention de la demande, et des réponses des témoins. — *Civ.*, 19. — *Pr.*, 263. — *I. cr.*, 60 et s., 137, 251. — *Pén.*, 28 et s.

Art. **63**. — Les dépositions seront signées du juge, du greffier et du témoin, après que lecture lui en aura été faite, et qu'il aura déclaré y persister : si le témoin ne veut ou ne peut signer, il en sera fait mention.

Chaque page du cahier d'information sera signée par le juge et par le greffier. — *I. cr.*, 64.

Art. **64**. — Les formalités prescrites par les articles précédents seront remplies, à peine de quarante gourdes d'amende contre le greffier, et même, s'il y a lieu, de prise à partie contre le juge d'instruction. — *Pr.*, 439. — *I. cr.*, 146.

Amende actuelle: DIX PIASTRES. *(Loi du 10 août 1877, qui règle en monnaie forte les amendes, etc.)*

Art. **65**. — Aucune interligne ne pourra être faite : les ratures et les renvois seront approuvés et signés par le juge d'instruction, par le greffier, et par le témoin, sous les peines portées en l'article précédent.

Les interlignes seront réputés non avenus, ainsi que les ratures et les renvois qui n'auront pas été approuvés.

Art. **66**. — Les enfants de l'un ou de l'autre sexe, au-dessous de l'âge de quinze ans, pourront être entendus par forme de déclaration et sans prestation de serment. — *Pén.*, 388.

Art. **67**. — Toute personne citée pour être entendue en témoignage, sera tenue de comparaître et de satisfaire à la citation ; sinon, elle pourra y être contrainte par le juge d'instruction, qui, à cet effet, sur les conclusions du commissaire du gouvernement, sans autres formalités ni délai, et sans appel, prononcera une amende qui n'excèdera pas quatre-vingts gourdes, et pourra ordonner que la personne citée sera contrainte par corps à venir donner son témoignage. — *Pr.*, 264, 682. — *I. cr.*. 68, 72, 139 et s.. 165, 287. — *Pén.*, 194, 323.

Amende actuelle : QUARANTE PIASTRES. *(Loi du 10 août 1877, qui règle en monnaie forte, etc.)*

Art. **68**. — Le témoin ainsi condamné à l'amende sur le premier défaut, et qui, sur la seconde citation, produira devant le juge d'instruction des excuses légitimes, pourra, sur les conclusions du ministère public, être déchargé de l'amende. — *Pr.*, 266. — *I. cr.*, 21, 67, 76, 140, 165, 288.

Art. **69**. — Lorsqu'il sera constaté par le certificat d'un médecin, chirurgien ou officier de santé, que des témoins se trouvent dans l'impossibilité de comparaître sur la citation qui leur aura été donnée, le juge d'instruction se transportera en leur demeure, quand ils habiteront dans la commune du domicile du juge d'instruction. — *I. cr.*, 58, 67 et s.

Si les témoins habitent hors de la commune, le juge d'instruction pourra commettre le juge de paix de leur habitation, à l'effet de recevoir leur déposition, et il enverra au juge de paix des notes et des instructions qui feront connaître les faits sur lesquels les témoins devront déposer. — *Pr.*, 956. — *I. cr.*, 70 et s., 209, 305.

Art. **70**. — Si les témoins résident hors du ressort du tribunal, le juge d'instruction requerra le juge d'instruction du ressort dans lequel les témoins sont résidents, de se transporter auprès d'eux, pour recevoir leurs dépositions. — *I. cr.* 69 et s., 401.

Dans le cas où les témoins n'habiteraient pas la commune du juge d'instruction ainsi requis, il pourra commettre le juge de paix de leur demeure, à l'effet de recevoir leurs dépositions, ainsi qu'il est dit dans l'article précédent. — *Pr.*, 956.

Art. **71**. — Le juge qui aura reçu les dépositions en conséquence des articles 69 et 70 ci-dessus, les enverra closes et cachetées au juge d'instruction du tribunal saisi de l'affaire. — *I. cr.*, 72.

Art. **72** — Si le témoin auprès duquel le juge se sera transporté, dans les cas prévus par les trois articles précédents, n'était pas dans l'impossibilité de comparaître sur la citation qui lui avait été donnée, le juge d'instruction décernera un mandat de dépôt contre le témoin et le médecin, chirurgien ou officier de santé qui aura délivré le certificat ci-dessus mentionné. — *I. cr.*, 69 77 et s.

La peine portée en pareil cas, sera prononcée par le juge d'instruction du même lieu, et sur la réquisition du commissaire du gouvernement, en la forme prescrite par l'article 67. — *I. cr.*, 13, 48. — *Pén*, 121, 194.

§ IV

Des preuves par écrit et des pièces de conviction.

Art. 73. — Le juge d'instruction se transportera, s'il en est requis, et pourra même se transporter d'office dans le domicile du prévenu, pour y faire la perquisition des papiers, effets et généralement de tous les objets qui seront jugés utiles à la manifestation de la vérité. — *I. cr.*, 26 et s., 74, 118, 166, 211, 262, 355, 410.

Art. 74. — Le juge d'instruction pourra pareillement se transporter dans les autres lieux où il présumerait qu'on aurait caché les objets dont il est parlé dans l'article précédent.

Art. 75. — Les dispositions des articles 25, 26, 27, 28 et 29 concernant la saisie des objets dont la perquisition peut être faite par le commissaire du gouvernement, dans le cas de flagrant délit, sont communes au juge d'instruction, — *I. cr.*, 31.

Art. 76.— Si les papiers ou les effets dont il y aura lieu de faire la perquisition, sont hors du ressort de son tribunal, le juge d'instruction requerra le juge d'instruction du lieu où l'on peut les trouver, de procéder aux opérations prescrites par les articles précédents. — *Pr.*, 956. — *I cr.*, 69, 70, 209.

CHAPITRE VII

DES MANDATS DE COMPARUTION, D'AMENER, DE DÉPOT ET D'ARRÊT.

Art. 77. — Lorsque l'inculpé sera domicilié, et que

le fait sera de nature à ne donner lieu qu'à une peine correctionnelle, le juge d'instruction pourra, s'il le juge convenable, ne décerner contre l'inculpé, qu'un mandat de comparution, sauf, après l'avoir interrogé, à convertir ce mandat en tel autre mandat qu'il appartiendra. — *I. cr.*, 81, 94, 293.

Si l'inculpé fait défaut, le juge d'instruction décernera contre lui un mandat d'amener. — *I. cr.*, 30.

Il décernera pareillement mandat d'amener contre toute personne, de quelque qualité qu'elle soit, inculpée d'un fait emportant peine afflictive ou infamante. — *I. cr.*, 78 et s. — *Pén.*, 7 et s.

Art. **78**. — Il peut aussi donner des mandats d'amener contre les témoins qui refusent de comparaître sur la citation à eux donnée, conformément à l'article 67, et sans préjudice de l'amende portée au dit article. — *I. cr.*, 58 et s.

Art. **79**. — Dans le cas de mandat de comparution, il interrogera de suite ; dans le cas de mandat d'amener, dans les vingt-quatre heures au plus tard.

Art. **80**. — Il pourra, après avoir entendu les prévenus, et le commissaire du gouvernement, décerner, lorsque le fait emportera peine afflictive ou infamante, ou emprisonnement correctionnel, un mandat d'arrêt, dans la forme qui sera prescrite ci-après.

Art. **81**. — Les mandats de comparution, d'amener et de dépôt, seront signés par celui qui les aura décernés et revêtus de son sceau. — *I. cr.*, 94.

Le prévenu y sera nommé et désigné le plus clairement qu'il sera possible.

Art. **82**. — Les mêmes formalités seront observées dans le mandat d'arrêt : ce mandat contiendra de plus l'énonciation du fait pour lequel il est décerné, et la citation de la loi qui déclare que ce fait est un crime ou un délit. — *I. cr.*, 77. 80 et s. — *Const.*, 14.

Art. **83**. — Les mandats de comparution, d'amener de dépôt et d'arrêt, seront notifiés par un huissier, ou par un agent de la force publique, lequel en fera l'exhibition au prévenu ; et il lui en sera délivré copie. — *Pr.*, 78. — *I. cr.*, 18, 59, 223, 230, 325. — *Const.*, 14.

Art. **84**. — Les mandats d'amener, de comparution, de dépôt et d'arrêt seront exécutoires dans toute l'étendue de la république.

Si le prévenu est trouvé hors du ressort de l'officier qui aura délivré le mandat de dépôt ou d'arrêt, il sera conduit devant le juge de paix ou son suppléant, lequel visera le mandat, sans pouvoir en empêcher l'exécution. — *I. cr.*, 89 et s.

Art. **85**. — Le prévenu qui refusera d'obéir au mandat d'amener, ou qui, après avoir déclaré qu'il est prêt à obéir, tentera de s'évader, devra être contraint.

Le porteur du mandat d'amener emploiera, au besoin, la force publique du lieu le plus voisin : elle sera tenue de marcher, sur la réquisition contenue dans le mandat d'amener. — *I. cr.*, 10, 16, 88, 308.

Art. **86**. — Si, dans le cours de l'instruction, le juge saisi de l'affaire décerne un mandat d'arrêt, il pourra ordonner, par ce mandat, que le prévenu sera transféré dans la maison d'arrêt du lieu où se fait l'instruction. — *I. cr.*, 92, 444.

S'il n'est pas exprimé dans le mandat d'arrêt que le prévenu sera ainsi transféré, il restera en la maison d'arrêt de la commune dans laquelle il aura été trouvé jusqu'à ce qu'il ait été statué par la chambre du conseil, conformément aux dispositions du chapitre IX de la présente loi.

Art. **87.** — Si le prévenu, contre lequel il a été décerné un mandat d'amener, ne peut être trouvé, ce mandat sera exhibé au juge de paix de la résidence du prévenu, qui mettra son visa sur l'original de l'acte de notification. — *I. cr.*, 66 et s., 83, 91, 130, 162, 179, 368, 470.

Art. **88.** — Tout dépositaire de la force publique, et même toute personne, sera tenue de saisir le prévenu surpris en flagrant délit, ou poursuivi, soit par la clameur publique, soit dans les cas assimilés au flagrant délit, et de le conduire devant le juge de paix, devant le commissaire du gouvernement ou le juge d'instruction, sans qu'il soit besoin de mandat d'amener. — *I. cr.*, 10, 20, 30, 85. — *Pén.*, 7 et s.

Art. **89.** — Sur l'exhibition du mandat de dépôt, le prévenu sera reçu et gardé dans la maison d'arrêt établie près le tribunal correctionnel; et le gardien remettra à l'agent de la force publique chargé de l'exécution du mandat une reconnaissance de la remise du prévenu. — *I. cr.*, 81 et s., 444 et s.

Art. **90.** — L'officier chargé de l'exécution d'un mandat de dépôt ou d'arrêt, se fera accompagner d'une force suffisante pour que le prévenu ne puisse se soustraire à la loi. — *I. cr.*, 10 et s., 85 et s., 308.

Cette force sera prise dans le lieu le plus à portée de celui ou le mandat d'arrêt ou de dépôt devra s'exécuter; et elle est tenue de marcher, sur la réquisition directement faite au commandant et contenue dans le mandat.

Art. **91.** — Si le prévenu ne peut être saisi, le mandat d'arrêt sera notifié à sa dernière demeure, et il sera dressé procès verbal de perquisition. — *Civ*,, 90. — *Pr.*, 78. — *I. cr.*, 83 et s.

Ce procès verbal sera dressé en présence des deux plus proches voisins du prévenu, que le porteur du mandat d'arrêt pourra trouver ; ils le signeront, ou s'ils ne savent, ne peuvent ou ne veulent pas signer, il en sera fait mention, ainsi que de l'interpellation qui en aura été faite.

Le porteur du mandat d'arrêt fera ensuite viser son procès-verbal par le juge de paix ou son suppléant, et lui en laissera copie. — *I. cr.* 84 et s.

Le mandat d'arrêt et le procès-verbal seront ensuite remis au greffe du tribunal.

Art. **92**. — Le prévenu saisi en vertu d'un mandat d'arrêt ou de dépôt. sera conduit, sans délai, dans la maison d'arrêt indiquée par le mandat. — *I. cr.*, 86, 442 et s.

Art. **93**. — L'officier chargé de l'exécution du mandat d'arrêt ou de dépôt, remettra le prévenu au gardien de la maison d'arrêt, qui lui en donnera décharge ; le tout dans la forme prescrite par l'article 89.

Il portera ensuite au greffe du tribunal les pièces relatives à l'arrestation, et en prendra une reconnaissance.

Art. **94**. — L'inobservation des formalités prescrites pour les mandats de comparution, d'amener, de dépôt et d'arrêt, sera toujours punie d'une amende de quarante gourdes au moins contre le greffier, et s'il y a lieu, d'injonctions au juge d'instruction et au commissaire du gouvernement, même de prise à partie, s'il y échet. — *Pr.*, 438 et s. — *I. cr.*, 64, 146, 192, 301 et s., 352, 380.

Amende actuelle : VINGT PIASTRES. *(Loi du 10 août 1877, qui règle en monnaie forte, etc.)*

CHAPITRE VIII

DE LA LIBERTÉ PROVISOIRE ET DU CAUTIONNEMENT

Art. **95**. — La liberté provisoire ne sera jamais accordée au prévenu, lorsque le titre de l'accusation emportera une peine afflictive ou infamante ou qu'il s'agira d'une accusation de vol. — *I. cr.*, 96, 425, 450. — *Pén.*, 7 et s.

Art. **96**. — Si le fait n'emporte pas une peine afflictive ou infamante, mais seulement une peine correctionnelle, la chambre du conseil ordonnera, sur la demande du prévenu et sur les conclusions du commissaire du gouvernement, que le prévenu sera mis provisoirement en liberté, moyennant caution solvable de se représenter à tous les actes de la procédure, et, pour l'exécution du jugement, aussitôt qu'il en sera requis. — *Civ.*, 1806 et s. — *Pr.*, 442. — *I. cr.*, 99, 155.

La mise en liberté provisoire avec caution pourra être demandée en tout état de cause.

Art. **97**. — Néanmoins, les vagabonds et les repris de justice ne pourront, en aucun cas, être mis en liberté provisoire.

Art. **98**. — La demande en liberté provisoire sera notifiée à la partie civile à son domicile, ou à celui qu'elle aura élu. — *Civ.*, 981. — *Pr.*, 781. — *I. cr.*, 4, 55, 99, 163, 422.

Art. **99**. — La solvabilité de la caution offerte sera discutée par le commissaire du gouvernement, et par la partie civile dûment appelée.

Elle devra être justifiée par des immeubles libres, pour le montant du cautionnement et une moitié en sus, si mieux n'aime la caution déposer entre les mains du greffier le montant du cautionnement en espèces. — *Civ.* 1784. — *I. cr.*, 96 et s.

Art. **100.** — Le prévenu sera admis à être sa propre caution, soit en déposant le montant du cautionnement, soit en justifiant d'immeubles libres pour le montant du cautionnement et une moitié en sus, et en faisant, dans l'un et l'autre cas, la soumission dont il sera parlé ci-après, — *I. cr.*, 96 et s.

Art. **101.** — Le cautionnement ne pourra être au-dessous de quatre cents gourdes. Si la peine correctionnelle était à la fois l'emprisonnement et une amende dont le double excédât quatre cents gourdes, le cautionnement ne pourrait pas être exigé d'une somme plus forte que le double de cette amende.

S'il était résulté du délit un dommage civil appréciable en argent, le cautionnement sera triple de la valeur du dommage, ainsi qu'il sera arbitré, pour cet effet seulement par le juge d'instruction; sans néanmoins que, dans ce cas, le cautionnement puisse être au-dessous de quatre cents gourdes. — *Civ.*, 1168. — *I. cr.*, 96 et s.

Art. **102.** — La caution admise fera sa soumission, soit au greffe du tribunal, soit devant notaires, de payer entre les mains du greffier, le montant du cautionnement, en cas que le prévenu soit constitué en défaut de se représenter. — *Civ.* 1102, — *I. cr.*, 96 et s.

Cette soumission entraînera la contrainte par corps contre la caution : une expédition en forme exécutoire en sera remise à la partie civile, avant que le prévenu soit mis en liberté provisoire. — *Civ.*, 1829. — *Pr.*, 133. — *I. cr.*, 1, 98 et s, 173.

Art. **103.** — Les espèces déposées et les immeubles servant de cautionnement, seront affectés par privilège : 1° au paiement des réparations civiles et des frais avancés par la partie civile ; 2° aux amendes ; le tout néanmoins sans préjudice du privilège du trésor, à raison des frais faits par la partie publique. — *Civ.*, 1168. — *Pr.*, 137. — *I. cr.*, 1, 54, 144, 163, 170, 300. — *Pén.*, 38.

Le commissaire du gouvernement et la partie civile pourront prendre inscription hypothécaire, sans attendre le jugement définitif. L'inscription prise à la requête de l'un ou de l'autre, profitera à tous les deux. — *Civ.*, 1881, 1901, 1913. — *I. cr.*, 13.

Art. **104.** — Le juge d'instruction rendra, le cas arrivant, sur les conclusions du ministère public, ou sur la demande de la partie civile, une ordonnance pour le paiement de la somme cautionnée. — *I. cr.*, 13, 44, 103 et s.

Ce paiement sera poursuivi à la requête du ministère public, et à la diligence du trésor. Les sommes recouvrées seront versées entre les mains du greffier, sans préjudice des poursuites et des droits de la partie civile.

Art. **105.** — Le juge d'instruction délivrera, dans la même forme, et sur les mêmes réquisitions, une ordonnance de contrainte contre la caution ou les cautions d'un individu mis sous la surveillance de la haute police de l'Etat, lorsque celui-ci aura été condamné, par un jugement devenu irrévocable, pour un crime ou pour un délit commis dans l'intervalle déterminé par l'acte de cautionnement. — *I. cr.*, 140 et s. — *Pén.*, 10, 31 et s.

Art. **106.** — Le prévenu ne sera mis en liberté provisoire sous caution, qu'après avoir élu domicile dans le lieu où siège le tribunal correctionnel, par un acte reçu au greffe de ce tribunal. — *Civ.* 98. — *I. cr.*, 55, 96.

Art. **107**. — Outre les poursuites contre la caution, s'il y a lieu, le prévenu sera saisi et écroué dans la maison d'arrêt, en exécution d'une ordonnance du juge d'instruction. — *I. cr.*, 92, 104.

Art. **108**. — Le prévenu qui aurait laissé contraindre sa caution au paiement, ne sera plus à l'avenir, recevable, en aucun cas, à demander de nouveau sa liberté provisoire moyennant caution. — *I. cr.*, 96 et s.

CHAPITRE IX

DU RAPPORT DES JUGES D'INSTRUCTION, QUAND LA PROCÉDURE EST COMPLÈTE.

Art. **109**. — Le juge d'instruction sera tenu de rendre compte, au moins une fois par semaine, des affaires dont l'instruction lui est dévolue.

Le compte sera rendu à la chambre du conseil, composée du juge d'instruction et de deux autres juges, ou d'un autre juge et d'un suppléant, désignés par le doyen, communication préalablement donnée au commissaire du gouvernement, pour être par lui requis ce qu'il appartiendra. — *I. cr.*, 13, 86.

Art. **110**. — Le commissaire du gouvernement après avoir déposé sur le bureau sa réquisition écrite, se retirera ainsi que le greffier. — *I. cr.*, 195.

Art. **111**. — Les juges délibéreront entre eux sans désemparer et sans communiquer avec personne.

Art. **112**. — La chambre du conseil statuera, par une seule et même décision, sur les délits connexes dont les pièces se trouveront en même temps produites devant elle. — *I. cr.*, 113, 214, 325, 415, 427.

Art. **113**. — Les délits sont connexes, soit lorsqu'ils ont été commis en même temps par plusieurs personnes réunies, soit lorsqu'ils ont été commis par différentes personnes, même en différents temps et en divers lieux, mais par suite d'un concert formé entre elles ; soit lorsque les coupables ont commis les uns pour se procurer les moyens de commettre les autres, pour en faciliter, pour en consommer l'exécution, ou pour en assurer l'impunité. — *I. cr.*, 213, 335, 415, 427.

Art. **114**. — Les juges pourront ordonner, s'il y échet, des informations nouvelles qui se feront dans le plus court délai.

Art. **115**. — Si les juges sont unanimement d'avis que le fait ne présente ni crime, ni délit, ni contravention, ou qu'il n'existe aucune charge contre l'inculpé, il sera déclaré qu'il n'y a pas lieu à poursuivre ; et si l'inculpé avait été arrêté, il sera mis en liberté. — *I. cr.*, 77 et s., 86, 121, 141, 167, 290, 298, 450, 466. — *Pén.*, 1.

Pourront néanmoins le ministère public et la partie civile s'opposer, dans les vingt-quatre heures, à la mise en liberté.

Leur opposition sera déférée au tribunal de cassation qui prononcera, toutes affaires cessantes.

Le délai de vingt-quatre heures courra, contre le ministère public, à compter du jour de l'ordonnance de mise en liberté, et contre la partie civile, à compter du jour de la signification de la dite ordonnance au domicile, par elle élu dans le lieu où siège le tribunal.

L'envoi des pièces aura lieu dans les vingt-quatre heures de l'opposition, à peine de vingt-cinq gourdes d'amende, contre le greffier, et de prise à partie contre le ministère public, s'il y a lieu. — *I. cr.*, 1, 55, 98.

La partie civile qui succombera dans l'opposition pourra être condamnée aux dommages-intérêts envers le prévenu, par le tribunal habile à statuer. — *I. cr.*, 339.

Amende actuelle : SIX PIASTRES VINGT-CINQ CENTIMES. *(Loi du 10 août 1877 qui règle en monnaie forte les amendes, etc.)*

Art. **116**. — Si les juges sont d'avis que le fait n'est qu'une simple contravention, l'inculpé sera renvoyé au tribunal de police, et il sera remis en liberté s'il est arrêté. — *I. cr.*, 115 et s.

Art. **117**. — Si le délit est reconnu de nature à être puni par des peines correctionnelles, le prévenu sera renvoyé au tribunal correctionnel. —*I. cr.*, 155, 158.

Si, dans ce cas, le délit peut entraîner la peine d'emprisonnement, le prévenu, s'il est en arrestation, y demeurera provisoirement. — *I. cr.*, 77 et s., 115.

Si le délit n'est pas de nature à entraîner la peine d'emprisonnement, le prévenu sera mis en liberté, à la charge de se représenter, à jour fixe, devant le tribunal compétent. — *I. cr.*, 115 et s.

Art. **118**. — Dans tous les cas de renvoi, soit au tribunal de police, soit au tribunal correctionnel, le commissaire du gouvernement est tenu d'envoyer, dans les vingt-quatre heures au greffe du tribunal qui doit prononcer, toutes les pièces, après les avoir cotées. — *I. cr.*, 13, 79, 158.

Art. **119**. — Si, sur le rapport fait à la chambre du conseil par le juge d'instruction, les juges estiment que le fait est de nature à être puni de peines afflictives ou infamantes, et que la prévention contre l'inculpé est suffisamment établie, l'inculpé sera renvoyé au tribunal criminel, et les pièces seront remises, sans délai, au commissaire du gouvernement, pour être procédé, ainsi qu'il sera dit au chapitre *Des mises en accusation*. — *I. cr.*, 25, 176. — *Pén.*, 7, 8.

Art. **120**. — La chambre du conseil décernera, dans ce cas, contre le prévenu, une ordonnance de prise de corps, qui sera remise, avec les autres pièces au commissaire du gouvernement.

Cette ordonnance contiendra le nom du prévenu, son signalement, son domicile, s'ils sont connus, l'exposé du fait et la nature du délit. — *I. cr.*, 81.

Art. **121**. — Le prévenu, à l'égard duquel la chambre du conseil aurait déclaré qu'il n'y a lieu à renvoi devant aucun tribunal, ne pourra plus, lorsque cette ordonnance aura acquis l'autorité de la chose jugée, être poursuivi en raison du même fait, à moins qu'il ne survienne de nouvelles charges. — *I. cr.*, 122.

Art. **122**. — Sont considérés comme nouvelles charges, les déclarations des témoins, pièces et procès-verbaux, qui, n'ayant pu être soumis à la chambre du conseil, sont cependant de nature, soit à fortifier les preuves qu'elle aurait trouvées trop faibles, soit à donner aux faits de nouveaux développements utiles à la manifestation de la vérité. — *I. cr.*, 121.

Art. **123**. — L'officier de police ou le juge d'instruction qui aura recueilli les charges nouvelles, adressera, sans délai, copie des pièces au commissaire du gouvernement, sur la réquisition duquel la chambre du conseil pourra nommer un juge devant lequel il sera procédé au supplément d'instruction. — *I. cr.*, 121 et s.

LOI

Sur les tribunaux de police

CHAPITRE PREMIER

DES TRIBUNAUX DE SIMPLE POLICE

Art. **124**. — Sont considérés comme contravention de police, les faits énumérés dans la loi n° 5 du Code pénal. — *I. cr.*, 155, 468 et s. — *Pén.*, 1, 383 à 401

Art. **125**. — La connaissance des contraventions de police est attribuée au juge de paix qui jugera seul, comme tribunal de police. — *I. cr.*, 9 et s., 38 et s.

Les fonctions du ministère public seront remplies près le tribunal de police par un agent de police.

Art. **126**. — Les citations pour contravention de police seront faites à la requête de l'agent de police qui a dénoncé le fait, ou de la partie qui réclame. — *I. cr.*, 1, 53, 59, 127, 134, 144, 147, 158, 177.

Elles seront notifiées par un huissier de la justice de paix, et à défaut d'huissier, par un agent de la force publique ; il en sera laissé copie au prévenu, ou à la personne civilement responsable, ou s'ils sont absents, à l'autorité de police du lieu : il sera donné reçu de la citation. — *Civ.*, 1170, 1566. — *Pr.*, 78. — *I. cr.*, 51, 128. — *Pén.*, 56.

Art. **127**. — La citation ne pourra être donnée à un délai moindre de vingt-quatre heures, outre un jour par cinq lieues, à peine de nullité tant de la citation que du jugement qui serait rendu par défaut. Néanmoins, cette nullité ne pourra être proposée qu'à la première audience, avant toute exception et défense. — *I. cr.*, 126 et s., 152, 315.

Dans les cas urgents, les délais pourront être abrégés, et les parties citées à comparaître même dans le jour, et à heure indiquée, en vertu d'une cédule délivrée par le juge de paix. — *Pr.*, 11, 37.

Art. **128**. — Les parties pourront comparaître volontairement et sur un simple avertissement, sans qu'il soit besoin de citation.

Art. **129**. — Avant le jour de l'audience, le juge de paix pourra, sur la réquisition de la partie publique ou de la partie civile, estimer ou faire estimer les dommages, dresser ou faire dresser des procès-verbaux, faire ou ordonner tous actes requérant célérité.

Art. **130.** — Si la personne citée ne comparaît pas au jour et à l'heure fixés par la citation ou la cédule, elle sera jugée par défaut. — *I. cr.*, 131 et s., 160 et s., 366, 470.

Art. **131.** — La personne condamnée par défaut ne sera plus recevable à s'opposer à l'exécution du jugement. si elle ne se présente à l'audience indiquée par l'article suivant, sauf ce qui sera réglé sur l'appel et le recours en cassation. — *I. cr.*, 130 et s., 148 et s.

Art. **132.** — L'opposition emportera de droit citation à la première audience après l'expiration des délais, et sera réputée non avenue, si l'opposant ne comparaît pas.

Art. **133.** — La personne citée comparaîtra par elle-même, ou par un fondé de procuration spéciale. — *Civ.*, 1751. — *I. cr.*, 130, 161.

Art. **134.** — L'instruction de chaque affaire sera publique, à peine de nullité. — *I. cr.*, 166, 243, 315, 408.

Elle se fera dans l'ordre suivant :

Les procès-verbaux, s'il y en a, seront lus par le greffier. Les témoins, s'il en a été appelé par la partie publique ou la partie civile, seront entendus, s'il y a lieu ; la partie civile prendra ses conclusions. — *I. cr.*, 1, 11, 53, 67, 126, 137, 251.

La personne citée sera interpellée ou interrogée ; elle proposera sa défense, et fera entendre ses témoins, si elle en a amené ou fait citer, et si, aux termes de l'article suivant, elle est recevable à les produire.

La partie publique résumera l'affaire et donnera ses conclusions ; la partie citée pourra proposer ses observations.

Le tribunal de police prononcera le jugement dans

l'audience du jour où l'instruction aura été terminée, et au plus tard, dans l'audience suivante.

Art. **135**. — Les contraventions seront prouvées, soit par procès-verbaux ou rapports, soit par témoins, à défaut de rapports ou de procès-verbaux à leur appui.

Art. **136**. — Nul ne sera admis, à peine de nullité, à faire preuve par témoins pour ou contre le contenu aux procès-verbaux ou rapports des officiers ou agents de police ayant recu de la loi le pouvoir de constater les crimes, délits ou contraventions, jusqu'à inscription de faux. Quant aux procès-verbaux et rapports faits par des agents, préposés ou officiers, auxquels la loi n'a pas accordé le droit d'en être crus jusqu'à inscription de faux, ils pourront être débattus par des preuves contraires, soit écrites, soit testimoniales, si le tribunal juge à propos de les admettre. — *I. cr.*, 11, 25, 127, 131, 138, 145, 152, 265, 315.

Art. **137**. — Les témoins feront à l'audience, sous peine de nullité, le serment de dire toute la vérité, rien que la vérité, et le greffier dressera procès-verbal qui relatera cette formalité, ainsi que les noms, prénoms, âge, profession et demeure des dits témoins et leurs principales déclarations.

Ce procès-verbal sera signé par les juges et le greffier, à peine d'une amende de trois cents gourdes contre cet officier ministériel, et, s'il y a lieu, de prise à partie contre les juges.

Amende actuelle : CENT CINQUANTE PIASTRES. *(Loi du 10 août 1877, qui règle en monnaie forte, etc.)*

Art. **138**. — Les ascendants et descendants de la personne prévenue, ses frères et sœurs ou alliés en pareil degré, son conjoint, même après le divorce prononcé, ne seront ni appelés, ni reçus en témoignage, sans néanmoins que l'audition des personnes ci-dessus désignées puisse opérer une nullité, lorsque, soit la partie publique, soit la partie civile, soit le prévenu, ne se sont pas opposés à ce qu'elles soient entendues. — *Civ.*, 215. — *I. cr.*, 127, 137, 251, 256.

Art. **139**. — Les témoins qui ne satisferont pas à la citation, pourront y être contraints par le tribunal qui, à cet effet, et sur la réquisition de la partie publique, prononcera dans la même audience, sur le premier défaut, l'amende, et, en cas d'un second défaut, la contrainte par corps. — *Pr.*, 265. — *I. cr.*, 67, 140, 165, 287. — *Pén.*, 121, 194.

Art. **140**. — Le témoin ainsi condamné à l'amende sur le premier défaut, et qui, sur la seconde citation, produira, devant le tribunal, des excuses légitimes, pourra être déchargé de l'amende.

Art. **141**. — Si le fait ne présente ni délit, ni contravention, le tribunal annulera la citation et tout ce qui aura suivi, et statuera, par le même jugement, sur les demandes en dommages-intérêts.

Art. **142**. — Si le fait est un délit qui emporte une peine correctionnelle ou plus grave, le tribunal renverra les parties devant le commissaire du gouvernement.

Art. **143**. — Si le prévenu est convaincu de contravention de police, le tribunal prononcera la peine, et statuera, par le même jugement sur les demandes en restitution et en dommages-intérêts.

Art. **144**. — La partie qui succombera, sera condamnée aux frais, même envers l'Etat.

Les dépens seront liquidés par le jugement.

Art. **145**. — Tout jugement de condamnation définitif sera motivé, et les termes de la loi appliquée y seront insérés, à peine de nullité.

Il y sera fait mention s'il est rendu en dernier ressort ou en première instance.

Art. **146**. — La minute du jugement sera, dans les vingt-quatre heures, au plus tard, signée par le juge qui aura tenu l'audience, et par ceux qui auront siégé avec lui, à peine de vingt gourdes d'amende contre le greffier, et de prise à partie, s'il y a lieu, tant contre le greffier que contre le juge.

Amende actuelle : CINQ PIASTRES. *(Loi du 10 août 1877, qui règle en monnaie forte les amendes, etc.)*

Art. **147**. — La partie publique et la partie civile poursuivront l'exécution du jugement, chacune en ce qui le concerne. — *I. cr.*, 1 et s., 13, 53, 126, 163, 173.

Art. **148**. — Les jugements en matière de police, pourront être attaqués par la voie de l'appel, lorsqu'ils prononceront un emprisonnement, ou lorsque les amendes, restitutions et autres réparations civiles excèderont la somme de cinquante gourdes outre les dépens.

Actuellement, VINGT-CINQ PIASTRES. *(Loi du 10 août 1877, etc.)*

Art. **149**. — L'appel sera suspensif.

Art. **150**. — L'appel des jugements rendus par le tribunal de simple police sera porté au tribunal correctionnel.

Cet appel sera interjeté dans les dix jours de la signification de la sentence à personne ou domicile; il sera suivi et jugé dans la même forme que les appels des sentences des justices de paix.

Art. **151**. — Lorsque, sur l'appel, le ministère public ou l'une des parties le requerra, les témoins pourront être entendus de nouveau, et il pourra même en être entendu d'autres. — *I. cr.*, 1, 13, 53, 134, 136.

Art. **152**. — Les dispositions des articles précédents sur la solennité de l'instruction, la nature des preuves, la forme, l'authenticité et la signature du jugement définitif, la condamnation aux frais, ainsi que les peines que ces articles prononceront, seront communes aux jugements rendus sur l'appel, par les tribunaux correctionnels. — *I. cr.*, 135 et s.

Art. **153**. — La partie publique et les parties pourront, s'il y a lieu, se pourvoir en cassation contre les jugements rendus en dernier ressort par le tribunal de police, ou contre les jugements rendus par le tribunal correctionnel, sur l'appel des jugements de police. — *I. cr.*, 1, 13, 53.

Le recours aura lieu dans la forme et dans les délais qui seront prescrits. — *I. cr.*, 90, 175, 186, 305, 320, 321, 323 et s., 334.

Art. **154**. — Au commencement de chaque mois, les juges de paix transmettront au commissaire du gouvernement l'extrait des jugements de police qui auront été rendus dans le mois précédent, et qui auront prononcé la peine de l'emprisonnement. Cet extrait sera délivré, sans frais, par le greffier. — *I. cr* , 13.

Le commissaire du gouvernement le déposera au greffe du tribunal correctionnel, et en rendra un compte sommaire au Grand-Juge. — *I. cr.*, 174, 192.

CHAPITRE II

DES TRIBUNAUX CORRECTIONNELS

Art. **155**. — Les tribunaux civils connaitront, sous le titre de tribunaux correctionnels, de tous les délits dont la connaissance n'est pas attribuée aux tribunaux de simple police, et qui ne seraient pas de nature à entraîner une peine afflictive et infamante. — *Pr.*, 57 et s. — *Com.*, 365. — *I. cr.*, 117, 150.

Art. **156**. — Ces tribunaux pourront, en matière correctionnelle, prononcer au nombre de trois juges.

Art. **157**. — S'il se commet un délit correctionnel dans l'enceinte et pendant la durée de l'audience, le doyen dressera procès-verbal du fait, entendra le prévenu quel qu'il soit, ainsi que les témoins ; et le tribunal appliquera, sans désemparer, les peines prononcées par la loi. — *Pr.*, 15 et s., 94. — *I. cr.*, 188, 394. — *Pén.*, 183 et s.

Art. **158**. — Le tribunal sera saisi, en matière correctionnelle, de la connaissance des délits de sa compétence, soit par le renvoi qui lui en sera fait d'après les articles 116 et 142 ci-dessus, soit par la citation donnée directement au prévenu et aux personnes civilement responsables du délit, par la partie civile ou par le commissaire du gouvernement. — *Pr.*, 78. — *I. cr.*, 51, 126, 155, 177.

Art. **159**. — La partie civile fera, par l'acte de citation, élection de domicile dans la ville où siège le tribunal : la citation énoncera les faits et tiendra lieu de plainte. — *Civ.*, 98. — *I. cr.*, 4, 53 et s., 116, 158.

Art. **160**. — Il y aura au moins un délai de trois jours, outre un jour par cinq lieues, entre la citation et le jugement, à peine de nullité de la condamnation qui serait prononcée par défaut contre la personne citée. — *Pr.*, 51, 954. — *I. cr.*, 162, 315.

Néanmoins, cette nullité ne pourra être proposée qu'à la première audience et avant toute exception ou défense. — *Pr.*, 124.

Art. **161**. — Dans les affaires relatives à des délits qui n'entraîneront pas la peine d'emprisonnement, le prévenu pourra se faire représenter par un défenseur public ; le tribunal pourra, néanmoins, ordonner sa comparution en personne. — *Civ.*, 1751. — *Pr.*, 86.— *I. cr.*, 130 et s., 201.

Art. **162**. — Si le prévenu ne comparaît pas, il sera jugé par défaut. — *I. cr.*, 130 et s., 163 et s., 366, 470.

Art. **163**. — La condamnation par défaut sera comme non avenue, si, dans les cinq jours de la signification qui en aura été faite au prévenu ou à son domicile, outre un jour par cinq lieues, celui-ci forme opposition à l'éxécution du jugement, et notifie son opposition tant au ministère public qu'à la partie civile. — *Pr.*, 78. — *I. cr.*, 55, 98, 131 et s., 159 et s., 422.

Néanmoins, les frais de l'expédition, de la signification du jugement par défaut, et de l'opposition, demeureront à la charge du prévenu. — *Civ.*, 1169. — *I. cr.*, 144.

Art. **164**. — L'opposition emportera de droit citation à la première audience ; elle sera non avenue, si l'opposant n'y comparait pas, et le jugement que le tribunal aura rendu sur l'opposition, ne pourra être attaqué par la partie qui l'aura formée, si ce n'est par la voie de cassation. — *I. cr.*, 132, 160 et s., 205 et s.

Le tribunal pourra, si le cas y échet, accorder une provision, et cette disposition sera exécutoire nonobstant le pourvoi. — *Civ.*, 939. — *Pr.*, 142.

Art. **165**. — La preuve des délits correctionnels se fera de la manière prescrite par les articles 135, 136, 137 et 138 ci-dessus concernant les contraventions de police. Les dispositions des articles 139, 140, 141, 142 et 143 sont communes aux tribunaux correctionnels.— *I. cr.*, 190, 251, 252 et s.

Art. **166**. — L'instruction sera publique, à peine de nullité.

Le ministère public, la partie civile ou son défenseur exposeront l'affaire ;

Les procès-verbaux ou rapports, s'il en a été dressé, seront lus par le greffier ;

Les témoins pour et contre, seront entendus s'il y a lieu, et les reproches proposés et jugés ;

Les pièces pouvant servir à conviction et à décharge seront représentées aux témoins et aux parties ;

Le prévenu sera interrogé ;

Le prévenu et les personnes civilement responsables proposeront leurs défenses.

Le commissaire du gouvernement donnera ses conclusions ;

Le prévenu et les personnes civilement responsables du délit auront toujours la parole en dernier.

Le jugement sera prononcé de suite ou, au plus tard, à l'audience qui suivra celle où l'instruction aura été terminée. — *I. cr.*, 11, 30, 53, 67, 134 et s., 148, 165, 251. — *Pén.*, 18, 28.

Art. **167**. — Si le fait n'est réputé ni délit, ni contravention de police, le tribunal annulera l'instruction, la citation et tout ce qui aura suivi, renverra le prévenu et statuera sur les dommages-intérêts. — *Civ.*, 939, 1168. — *Pr.*, 135. — *I. cr.*, 115, 141, 298.

Art. **168**. — Si le fait n'est qu'une contravention de police, et si la partie civile ou la partie publique n'a pas demandé le renvoi, le tribunal appliquera la peine et statuera, s'il y a lieu, sur les dommages-intérêts.

Art. **169**. — Si le fait est de nature à mériter une peine afflictive ou infamante, le tribunal pourra décerner de suite le mandat de dépôt, ou un décret de prise de corps contre le prévenu ; et si le tribunal est saisi de la cause par le renvoi de la chambre du conseil, il renverra l'affaire et l'accusé au tribunal criminel ; et s'il en est saisi par citation directe, il renverra le prévenu devant le juge d'instruction. — *I. cr.*, 44, 80, et s. — *Pén.*, 7 et s.

Art. **170**. — Tout jugement de condamnation rendu contre le prévenu et contre les personnes civilement responsables du délit, ou contre la partie civile, les condamnera aux frais, même envers la partie publique.

Les frais seront liquidés par le même jugement. — *Civ.*, 1170. — *Pr.*, 137. — *I. cr.* 126, 144, 163, 300, 339, 379. — *Pén.*, 56.

Art. **171**. — Dans le dispositif de tout jugement de condamnation, seront énoncés les faits dont les prévenus seront jugés coupables ou responsables, la peine et les condamnations civiles.

Le texte de la loi dont on fera l'application sera lu à l'audience par le doyen ou le juge qui le remplacera.

Il sera fait mention de cette lecture dans le jugement, et le texte de la loi y sera inséré.

L'inobservance de ce qui est ci-dessus prescrit entraînera une amende de trois cents gourdes contre le greffier, sans préjudice, s'il y a lieu, des poursuites contre les juges. — *I. cr.*, 145, 301.

Amende actuelle : CINQUANTE PIASTRES *(Loi du 10 août 1877, qui règle en monnaie forte les amendes, etc.)*

Art. **172**. — La minute du jugement sera signée au plus tard dans les vingt-quatre heures par les juges qui l'auront rendu.

Les greffiers qui délivreront expédition d'un jugement avant qu'il ait été signé seront poursuivis comme faussaires. — *Pr.*, 146. — *I. cr.*, 350 et s. — *Pén.*, 107 et s.

Les commissaires du gouvernement se feront représenter, tous les mois, les minutes des jugements; et, en cas de contravention au présent article, ils en dresseront procès-verbal pour être procédé ainsi qu'il appartiendra. — *I. cr.*, 13.

Art. **173.** — Le jugement sera exécuté à la requête du ministère public et de la partie civile, chacun en ce qui le concerne.

Néanmoins, les poursuites pour le recouvrement des amendes et confiscations seront faites au nom du ministère public par le greffier.

Art. **174.** — Le commissaire du gouvernement sera tenu, dans les quinze jours qui suivront la prononciation du jugement, d'en envoyer un extrait au Grand Juge. — *I. cr.*, 13, 154, 192.

Art. **175.** — La partie civile, le prévenu, la partie publique et les personnes civilement responsables du délit, pourront se pourvoir en cassation contre le jugement. — *I. cr.*, 153, 186, 305, 318 et s.

LOI N° 4

Sur les tribunaux criminels et le jury.

CHAPITRE PREMIER

DES MISES EN ACCUSATION

Art. **176.** — L'ordonnance de renvoi sera signifiée au prévenu, dans le délai de trois jours de sa date, et il lui en sera laissé copie. — *I. cr.*, 177 et s.

Art. **177.** — Dans tous les cas où le prévenu sera renvoyé au tribunal criminel, le commissaire du gouvernement sera tenu de rédiger un acte d'accusation.

L'acte d'accusation exposera : 1° la nature du délit qui forme la base d'accusation ; 2° le fait et toutes les circonstances qui peuvent aggraver ou diminuer la peine, le prévenu y sera dénommé et clairement désigné.

L'acte d'accusation sera terminé par le résumé suivant :

« En conséquence, N... est accusé d'avoir commis tel meurtre, tel vol, ou tel autre crime, avec telle ou telle circonstance. » — *I. cr.*, 192.

Art. **178.** — L'acte d'accusation sera signifié à l'accusé huit jours au moins avant celui où il doit comparaître devant le tribunal criminel, et il lui en sera laissé copie. — *Pr.*, 78. — *I. cr.*, 18. 177.

Dans les vingt-quatre heures de cette signification, l'accusé sera transféré, s'il n'y est déjà, dans la maison de justice de la commune où il devra être jugé. — *I. cr.*, 444 et s.

Art. **179.** — Si l'accusé ne peut être saisi, ou ne se présente point, on procédera contre lui par contumace, ainsi qu'il sera réglé ci-après au chapitre *Des contumaces.* — *Civ.*, 28 et s. — *I. cr.*, 130 et s., 162 et s., 366, 470.

CHAPITRE II

DE LA FORMATION DES TRIBUNAUX CRIMINELS

Art. **180.** — Il sera tenu des tribunaux criminels dans toutes les villes où il y aura des tribunaux civils. *I. cr.*, 119 et s., 215, 244, 275, 370 et s (1).

Art. **181.** — Le tribunal criminel sera composé :

1° Du Doyen du tribunal civil qui le dirigera ou du plus ancien des juges suivant l'ordre du tableau. — *I. cr.*, 187 ;

2° De deux juges, ou d'un juge et d'un suppléant ;

3° Du Ministère public ;

4° Du greffier du tribunal.

(1) Il y a des tribunaux civils dans les villes suivantes : Port-au-Prince, Cap-Haïtien, Gonaïves, Jacmel, Cayes, Jérémie, Port-de-Paix, Saint-Marc, Aquin, Anse-à-Veau et Petit-Goave.

Art. **182.** — Les juges du tribunal civil qui ont voté sur la mise en accusation ne pourront, dans la même affaire, ni diriger le tribunal criminel, ni assister le doyen, à peine de nullité. Il en sera de même à l'égard du juge d'instruction. — *I. cr.*, 44.

Art. **183.** — La tenue des tribunaux criminels aura lieu toutes les fois qu'il y aura nécessité. — *I. cr.*, 180.

Art. **184.** — Le jour où le tribunal criminel doit s'ouvrir sera fixé par le Doyen dudit tribunal. — *I. cr.*, 187.

Le tribunal criminel ne sera clos qu'après que toutes les affaires qui étaient en état, lors de son ouverture, y auront été portées. — *I. cr.*, 177, 185, 193.

Art. **185.** — Les accusés qui ne seront arrivés dans la maison de justice qu'après l'ouverture du tribunal criminel ne pourront y être jugés que lorsque le Ministère public l'aura requis, les accusés y auront consenti, et lorsque le doyen du tribunal criminel l'aura ordonné. — *I. cr.*, 184.

En ce cas, le Ministère public et les accusés seront considérés comme ayant renoncé à la faculté de se pourvoir en nullité contre l'ordonnance de renvoi au tribunal criminel. — *I. cr.*, 202 et s., 420.

Art. **186.** — Les jugements du tribunal criminel ne pourront être attaqués que par la voie de la cassation et dans les formes déterminées par la loi. — *I. cr.*, 315 et s.

Paragraphe Premier

Fonctions du doyen du tribunal criminel.

Art. **187.** — Le Doyen du tribunal criminel est chargé :

1° D'entendre l'accusé lors de son arrivée dans la maison de justice ;

2° De convoquer les jurés et de les tirer au sort. — *I. cr.*, 184 et s., 311.

Art. **188.** — Il sera de plus chargé personnellement de diriger les jurés dans l'exercice de leurs fonctions, de leur exposer l'affaire sur laquelle ils auront à délibérer, même de leur rappeler leur devoir, de diriger toute l'instruction et de déterminer l'ordre entre ceux qui demanderont à parler. — *I. cr.*, 243 et s., 274, 281 et s.

Il aura la police de l'audience. — *I. cr.*, 157, 394 et s. — *Pén.*. 183.

Art. **189.** — Le Doyen est investi d'un pouvoir discrétionnaire en vertu duquel il pourra prendre sur lui tout ce qu'il croira utile et permis pour découvrir la vérité; et la loi charge son honneur et sa conscience d'employer tous ses efforts pour en favoriser la manifestation. — *I. cr.*, 188 et s., 261, 378.

Art. **190.** — Il pourra, dans le cours des débats, appeler, même par mandat d'amener, et entendre toutes personnes, ou se faire apporter toutes nouvelles pièces qui lui paraîtraient, d'après les nouveaux développements donnés à l'audience, soit par les accusés, soit par les témoins, pouvoir répandre un jour utile sur le fait contesté. — *I. cr.*, 27, 67, 189, 249, 261.

Les témoins ainsi appelés ne prêteront point serment et leurs déclarations ne seront considérées que comme renseignements.

Art. **191.** — Le Doyen du tribunal criminel devra rejeter tout ce qui tendrait à prolonger les débats sans donner lieu d'espérer plus de certitude dans les résultats.

§ II

Fonctions du ministère public.

Art. **192.** — Le Ministère public poursuivra toute

personne mise en accusation suivant les formes prescrites au chapitre premier de la présente loi. Il ne pourra porter au tribunal criminel aucune autre accusation, à peine de nullité, et, s'il y a lieu de prise à partie. — *Pr.*, 438 et s. — *I. cr.*, 154, 174, 177, 185, 193 et s.. 211 et s., 249 et s., 262 et s., 287 et s., 367 et s., 451 et s. — *Pén.*, 91.

Art. **193.** — Aussitôt que le Ministère public aura reçu les pièces, il portera tous ses soins à ce que les actes préliminaires soient faits, et que tout soit en état, pour que les débats puissent commencer à l'époque de l'ouverture du tribunal criminel. — *I. cr.*, 178, 184.

Art. **194.** — Il ne pourra s'absenter pendant les débats ; après la déclaration de culpabilité, il requerra l'application de la peine ; il sera présent à la prononciation du jugement. — *I. cr.*, 195 et s., 205, 290 et s.

Art. **195.** — Il fait, au nom de la loi, toutes les réquisitions qu'il juge utiles ; le tribunal criminel est tenu de lui en donner acte et d'en délibérer. — *I. cr.*, 196 et s., 315.

Art. **196.** — Les réquisitions du Ministère public doivent être de lui signées ; celles qu'il fera dans le cours d'un débat, seront retenues par le greffier sur le procès-verbal, et elles seront signées par le Ministère public.

Toutes décisions auxquelles auront donné lieu ces réquisitions, seront signées par le doyen du tribunal criminel, par les juges siégeants et par le greffier. — *I. cr.*, 195 et s., 263, 304.

Art. **197.** — Lorsque le tribunal criminel ne déférera pas à la réquisition du Ministère public, l'instruction ni le jugement ne seront arrêtés ni suspendus ; sauf, après le jugement, le recours en cassation par le Ministère public, s'il y a lieu. — *I. cr.*, 195 et s., 315 et s., 323 et s.

Art. **198.** — Les juges de paix et les agents de la police judiciaire, ainsi que tous ceux qui, en raison de leurs fonctions, sont appelés par la loi à faire quelque acte de la police judiciaire, sont, sous ce rapport seulement, soumis à la surveillance du Commissaire du Gouvernement. — *I. cr.*, 9, 44.

En cas de négligence de leur part, le Commissaire du Gouvernement leur donnera un premier avertissement, lequel sera consigné sur un registre ; et, en cas de récidive, il les dénoncera au Grand Juge.

Il y aura récidive, lorsque le fonctionnaire sera repris, pour le même fait, avant l'expiration d'une année, à compter du jour de l'avertissement consigné sur le registre.

CHAPITRE III

DE LA PROCÉDURE DEVANT LE TRIBUNAL CRIMINEL.

Art. **199.** — Vingt-quatre heures, au plus tard, après la translation du prévenu dans la maison de justice, il sera interrogé par le doyen du tribunal criminel, ou par le juge qui le remplacera. — *I. cr.*, 89, 187.

Art. **200.** — L'accusé sera interpellé de déclarer le choix qu'il aura fait d'un conseil pour l'aider dans sa défense ; sinon, le juge lui en désignera un sur le champ, à peine de nullité de tout ce qui suivra. Cette désignation sera comme non avenue, et la nullité ne sera pas prononcée, si l'accusé choisit un conseil. — *I. cr.*, 201, 208 et s., 234, 245, 253, 268, 315, 369.

Art. **201.** — Le conseil de l'accusé ne pourra être désigné par le juge que parmi les défenseurs publics du ressort.

L'accusé pourra choisir son conseil dans le ressort et hors du ressort ; il pourra également prendre pour son conseil un de ses parents ou amis. — *Pr.*, 86. — *I. cr.*, 161.

Art. **202**. — Le juge avertira de plus l'accusé, que, dans le cas où il se croirait fondé à former une demande en nullité, il doit faire sa déclaration dans les cinq jours suivants, et qu'après l'expiration de ce délai, il n'y sera plus recevable. — *I. cr.*, 185, 203 et s., 315.

L'exécution du présent article et des deux précédents sera constatée par un procès verbal, que signeront l'accusé, le juge et le greffier : si l'accusé ne sait ou ne veut signer, le procès-verbal en fera mention.

Art. **203**. — Si l'accusé n'a point été averti conformément au présent article, la nullité ne sera pas couverte par son silence : ses droits seront conservés, sauf à les faire valoir après le jugement définitif.

Art. **204**. — Le Ministère public est tenu de faire sa déclaration dans le même délai, à compter de l'interrogatoire, et sous la même peine de déchéance portée en l'article 202. — *I. cr.*, 199, 205.

Art. **205**. — La déclaration de l'accusé et celle du Ministère public doivent énoncer l'objet de la demande en nullité. — *I. cr.*, 186, 202 et s., 315, 323.

Cette demande ne peut être formée que contre l'ordonnance de renvoi au tribunal criminel, et dans les trois cas suivants :

1° Si le fait n'est pas qualifié crime par la loi ;

2° Si le ministère public n'a pas été entendu ;

3° Si l'ordonnance n'a pas été rendue par le nombre de juges fixé par la loi.

Art. **206**. — La déclaration doit être faite au greffier.

Aussitôt qu'elle aura été reçue par le greffier, l'expédition de l'ordonnance sera transmise, dans les trois jours, par le ministère public près le tribunal de cassation, à peine d'amende contre le greffier, et, de prise à partie contre le Ministère public, s'il y a lieu.

Le tribunal de cassation sera tenu de prononcer, toutes affaires cessantes. — *I. cr.*. 175.

Art. **207**. — Nonobstant la demande en nullité, l'instruction sera continuée jusqu'aux débats exclusivement. — *I. cr.*, 209.

Art. **208**. — Le conseil ne pourra communiquer avec l'accusé qu'après son interrogatoire par le doyen ; il pourra aussi prendre communication de toutes les pièces sans déplacement et sans retarder l'instruction. — *I. cr.*, 23, 73, 190, 200, 211.

Art. **209**. — S'il y a de nouveaux témoins à entendre, et qu'il résident hors du lieu où se tient le tribunal criminel, le doyen du dit tribunal pourra commettre, pour recevoir leurs dépositions, le juge de paix d'une autre commune ou le juge d'instruction d'un autre ressort ; celui-ci, après les avoir reçues, les enverra closes et cachetées au greffier qui doit exercer ses fonctions au tribunal ciminel. — *Pr.* 956. — *I. cr.*, 68 et s., 258, 335.

Art. **210**. — Les témoins qui n'auront pas comparu sur la citation du doyen du tribunal criminel, ou du juge commis par lui, et qui n'auront pas justifié qu'ils en étaient légitimement empêchés, ou qui refuseront de faire leurs dépositions, seront jugés par le tribunal criminel, et punis conformément à l'article 67.

Art. **211**. — Les conseils des accusés pourront

prendre ou faire prendre, à leurs frais, copie de telles pièces qu'ils jugeront utiles à leur défense. — *I. cr.*, 200 et s.

Il ne sera délivré gratuitement aux accusés, en quelque nombre qu'ils puissent être, et dans tous les cas, qu'une seule copie des procès-verbaux constatant le délit, et les déclarations écrites des témoins.

Le Doyen du tribunal criminel, les Juges, le Ministère public sont tenus de veiller à l'exécution du présent article.

Art. **212**. — Si le Ministère public ou l'accusé ont des motifs pour demander que l'affaire ne soit pas portée à la première assemblée du jury, ils présenteront au doyen du tribunal criminel une requête en prorogation de délai. Le tribunal criminel décidera si cette prorogation doit être accordée; il pourra aussi, d'office, proroger le délai.

Art. **213** — Lorsqu'il aura été formé, à raison du même délit, plusieurs actes d'accusation contre différents accusés, le Ministère public pourra en requérir la jonction, et le tribunal criminel pourra l'ordonner même d'office.

Art. **214**. — Lorsque l'acte d'accusation contiendra plusieurs délits non connexes, le Ministère public pourra requérir que les accusés ne soient mis en jugement, quant à présent, que sur l'un ou quelques-uns de ces délits, et le tribunal criminel pourra l'ordonner même d'office, sur l'observation d'un de ses membres, — *I. cr.*, 112 et s., 195, 336, 415 et s.

CHAPITRE IV

DU JURY ET DE LA MANIÈRE DE LE FORMER

Section Première

Du jury

Art. **215**. — Nul ne peut remplir les fonctions

Juré, s'il n'a vingt-cinq ans accomplis, et s'il ne jouit des droits politiques et civils, à peine de nullité. — *Civ.*, 11 et s. — *I cr.*, 187 et s., 216, 243 et s,, 275 et s., 315, 371, 408.

Art. **216.** — Ne peuvent être pris pour jurés : 1° les Grands Fonctionnaires et les membres du Corps Législatif ;

2° Les chefs des administrations publiques ;

3° Les juges des tribunaux, leurs suppléants et leurs greffiers ;

4° Les commissaires du gouvernement et leurs substituts ;

5° Les membres des conseils communaux ;

6° Les ministres d'un culte quelconque ;

7° Les membres du corps enseignant ;

8° Les militaires en activité de service ;

9° Les septuagénaires, s'ils le requièrent.

Art. **217.** — Nul ne peut être juré dans la même affaire où il aura été agent de police judiciaire, témoin, interprète, expert ou partie, à peine du nullité. — *I. cr.*, 1, 9, 33, 53, 67, 255, 315.

Art. **218.** — Tous les ans, du 1er au 15 décembre, le Conseil des Notables de chaque commune du ressort formera, sous sa responsabilité, la liste générale des citoyens habiles à être Jurés, et la fera afficher à la porte extérieure du bureau. — *I. cr.*, 215 230.

Art. **219.** — Du 15 au 31 décembre, trois copies de cette liste seront expédiées, la première au Grand Juge, la seconde au doyen du tribunal criminel, et la troisième au Commissaire du Gouvernement.

Art. **220.** — Si, depuis l'envoi de ces listes, quelques-uns de ceux qui y sont portés cessaient d'être habiles à être jurés, ou se trouvaient dans les cas prévus à l'article 216 ci-dessus, les conseils des Notables devront, sous leur responsabilité, en informer les fonctionnaires désignés en l'article précédent.

Art. **221**. — Aussitôt la réception de la liste générale, le Doyen et le Commissaire du Gouvernement s'entendront pour déterminer le nombre de Jurés que devra fournir chaque commune. — *I. cr.*, 184.

De la formation du jury.

Art. **222**. — Quinze jours au moins avant l'ouverture du tribunal criminel, le Commissaire du Gouvernement requerra chaque Conseil des Notables de tirer au sort sur la liste générale de la commune, le nombre de jurés qu'il lui fixera.

Art. **223**. — Le Conseil des Notables notifiera à chaque citoyen désigné par le sort, qu'il est appelé à faire partie de la prochaine assemblée du Jury. Cette notification lui sera faite huit jours au moins avant l'ouverture de ladite assemblée.

Ce jour sera mentionné dans la notification, qui contiendra, en outre, la sommation de se trouver, au jour indiqué, sous les peines portées par le présent code. — *I. cr.*, 243.

A défaut de notification à la personne, elle sera faite à son domicile, ainsi qu'à celui du Juge de paix de la commune ; celui-ci est tenu de lui en donner connaissance.

Art. **224**. — La liste des Jurés sera comme non avenue, après le service pour lequel elle aura été formée.

Art. **225**. — Le Juré qui aura été porté sur une liste, et aura satisfait aux réquisitions à lui faites, ne pourra être compris sur les listes des trois sessions suivantes, à moins toutefois qu'il n'y consente.

Néanmoins, celui des jurés qui réside dans le lieu

où siège le tribunal, pourra être toujours appelé d'office et par la voie du sort.

Art. **226**. — En adressant les nouvelles listes de Jurés au Grand Juge, les Conseils des Notables joindront la note de ceux qui, portés sur la liste précédente, n'auraient pas satisfait aux réquisitions. — *I. cr.*, 231.

Art. **227**. — Nul citoyen qui doit faire partie du Jury, ne pourra être admis aux places administratives et judiciaires, s'il est convaincu d'avoir refusé obstinément de remplir l'office de Juré. — *I. cr.*, 215, 230 et s.

Section II

De la manière de former et de composer le Jury.

Art. **228**. — Le nombre de douze Jurés est nécessaire pour former un jury. Lorsqu'un procès paraîtra de nature à entraîner de longs débats, le Doyen du tribunal criminel pourra ordonner, avant le tirage de la liste des Jurés, et après avoir consulté le Ministère public, qu'indépendamment des douze Jurés, il en sera tiré au sort deux ou trois autres qui assisteront aux débats. Dans le cas où un ou deux des douze jurés seraient empêchés de suivre les débats jusqu'à la déclaration définitive du Jury, ils seraient remplacés par les Jurés suppléants. Le remplacement se fera suivant l'ordre dans lequel les jurés suppléants auraient été appelés par le sort.

Art. **229**. — La liste des Jurés sera notifiée par le Commissaire du Gouvernement à chaque accusé, la veille du jour déterminé pour la formation du tableau. Cette notification sera nulle, ainsi que tout ce qui aura suivi, si elle est faite plus tôt ou plus tard. — *I. cr.*, 18, 59, 83, 223, 231, 315, 325.

Art. **230**. — Dans tous les cas, s'il y a, au jour indiqué, moins de trente jurés présents non excusés ou non dispensés, le nombre de trente Jurés sera complété par le doyen du tribunal criminel : ils seront pris publiquement et par la voie du sort entre les citoyens portés sur la liste générale des Jurés, et habitant dans la ville où siège le tribunal : à l'effet de quoi, le Conseil des Notables adressera, tous les ans, à ce magistrat un tableau de ces Jurés. — *I. cr.*. 218, 223, 238.

Art. **231**, *ainsi modifié par la loi du 10 août 1877.* — Tout Juré qui ne se sera pas rendu à son poste, sur la citation qui lui aura été notifiée, sera condamné par le tribunal criminel à une amende de huit piastres, pour chaque absence non motivée.

Il pourra être en outre condamné, conformément à l'article 10 de la Constitution (1), à la suspension de ses droits politiques dont la durée sera de six mois au moins et de deux ans au plus, sans préjudice, quand il y aura lieu, des dispositions de l'art. 227.

Dans tous les cas, le nom du juré condamné sera envoyé au Conseil communal pour être compris dans la note prescrite par l'article 226. — *I. cr.*, 232, 233.

Art. **232**. — Seront exceptés ceux qui justifieront qu'ils étaient dans l'impossibilité de se rendre au jour indiqué.

Le tribunal prononcera sur la validité de l'excuse. — *I. cr.*, 231 et s. — *Pén.*, 221 et s.

Art. **233**. — Les peines portées en l'article 231, sont applicables à tout Juré, qui, même s'étant rendu à son poste, se retirerait avant l'expiration de ses fonctions, sans une excuse valable, qui sera également jugée par le tribunal.

Art. **234**. — Au jour indiqué, et pour chaque affaire,

(1) Constitution actuelle. (9 octobre 1889.) Art. 11.

l'appel des Jurés non excusés et non dispensés sera fait, avant l'ouverture de l'audience, en leur présence, et en présence de l'accusé et du Ministère public. — *I. cr.*, 184 et s., 222 et s.

Le nom de chaque juré répondant à l'appel sera déposé dans une urne.

L'accusé premièrement et le Commissaire du Gouvernement récuseront tels jurés qu'ils jugeront à propos, à mesure que leurs noms sortiront de l'urne, sauf la limitation exprimée ci-après.

L'accusé ni le Commissaire du Gouvernement ne pourront exposer leurs motifs de récusation.

Le jury de jugement sera formé à l'instant où il sera sorti de l'urne douze noms de jurés non récusés. — *I. cr.*, 228 et s.

Art. **235**. — Les récusations que pourront faire l'accusé et le Commissaire du Gouvernement, s'arrêteront lorsqu'il ne restera que douze Jurés. — *I. cr.*, 234 et suiv.

Art. **236**. — L'accusé et le Commissaire du Gouvernement pourront exercer un nombre égal de récusations; et cependant, si les Jurés sont en nombre impair, l'accusé pourra exercer une récusation de plus que le Commissaire du Gouvernement. — *I. cr.*, 234.

Art. **237**. — S'il y a plusieurs accusés, ils pourront se concerter pour exercer leurs récusations; ils pourront les exercer séparément. — *I. cr.*, 234 et s.

Dans l'un et l'autre cas, ils ne pourront excéder le nombre de récusations determiné pour un seul accusé par les articles précédents.

Art. **238**. — Si les accusés ne se concertent pas pour récuser, le sort réglera entre eux le rang dans lequel ils feront les récusations ; dans ce cas, les jurés récusés par un seul, et dans cet ordre, le seront pour tous, jusqu'à ce que le nombre des récusations soit épuisé. *I. cr.*, 234 et s.

Art. **239**. — Les accusés pourront se concerter pour exercer une partie des récusations, sauf à exercer le surplus suivant le rang fixé par le sort. — *I. cr.*, 234 et s.

Art. **240**. — Il sera dressé procès-verbal de toutes les formalités prescrites pour la formation du tableau des douze jurés.

Art. **241**. — L'examen de l'accusé commencera immédiatement après la formation du tableau. — *I. cr.*, 242 et s.

Art. **242**. — Si, par quelque événement, l'examen des accusés sur les délits ou sur quelques-uns des délits compris dans l'acte ou dans les actes d'accusation, est renvoyé à la session suivante, il sera fait une autre liste; il sera procédé à de nouvelles récusations, et à la formation d'un nouveau tableau de douze jurés, d'après les règles prescrites ci-dessus, à peine de nullité. — *I. cr.*, 224 et s., 315.

CHAPITRE V

DE L'EXAMEN, DU JUGEMENT ET DE L'EXÉCUTION

SECTION PREMIÈRE

De l'examen

Art. **243**. — Au jour fixé pour l'ouverture du tribunal criminel, le tribunal ayant pris séance, les douze jurés composant le tableau, se placeront, dans l'ordre désigné par le sort, sur des sièges séparés du public, des parties et des témoins, en face de celui qui est destiné à l'accusé. — *I. cr.*, 187 et s., 215, 223 et s., 241 et s.

Art. **244**. — L'accusé comparaîtra libre, et seulement accompagné de gardes pour l'empêcher de s'évader.

Le doyen du tribunal criminel lui demandera son nom, ses prénoms, son âge, sa profession, sa demeure et le lieu de sa naissance. — *I. cr.*, 187 et s., 245, 289 et s.

Art. **245.** — Le doyen du tribunal criminel avertira le conseil de l'accusé qu'il ne peut rien dire contre sa conscience ou contre le respect dû aux lois, et qu'il doit s'exprimer avec décence et modération. — *Pr.*, 957. — *I. cr.*, 200, 253, 268 et s. — *Pén.*, 322.

Art. **246.** — Le doyen du tribunal criminel adressera aux jurés, debouts et découverts, le discours suivant :

« Vous jurez et promettez, devant Dieu et devant « les hommes, d'examiner avec l'attention la plus « scrupuleuse les charges qui seront portées contre « *N....*; de ne trahir ni les intérêts de l'accusé, ni « ceux de la société qui l'accuse; de ne communiquer « avec personne jusqu'après votre déclaration; de « n'écouter ni la haine ou la méchanceté, ni la crainte « ou l'affection; de vous décider, d'après les charges « et les moyens de défense, suivant votre conscience et « votre intime conviction, avec l'impartialité et la « fermeté qui conviennent à un homme probe et « libre. »

Chacun des jurés, appelés individuellement par le doyen, répondra, en levant la main, *Je le Jure*; à peine de nullité. — *I. cr.*, 315.

Art. **247**. — Immédiatement après, le doyen du tribunal criminel avertira l'accusé d'être attentif à ce qu'il va entendre.

Il ordonnera au greffier de lire l'ordonnance de renvoi au tribunal criminel et l'acte d'accusation.

Le greffier fera cette lecture à haute voix.

Art. **248**. — Après cette lecture, le doyen du tribunal criminel rappellera à l'accusé ce qui est contenu dans l'acte d'accusation, et lui dira : « Voilà de quoi vous « êtes accusé ; vous allez entendre les charges qui « seront produites contre vous. »

Art. **249**. — Le Commissaire du Gouvernement exposera le sujet de l'accusation ; il présentera ensuite la liste des témoins qui devront être entendus, soit à sa requête, soit à celle de la partie civile, soit à celle de l'accusé. — *I. cr.*, 1, 53, 67, 192, 255 et s.

Cette liste sera lue à haute voix par le greffier.

Elle ne pourra contenir que les témoins dont les noms, profession et résidence auront été notifiés, vingt quatre heures au moins avant l'examen de ces témoins, à l'accusé, par le Commissaire du Gouvernement ou la partie civile, et du Commissaire du Gouvernement par l'accusé ; sans préjudice de la faculté accordée au doyen du tribunal criminel, par l'article 190.

L'accusé et le Commissaire du Gouvernement pourront, en conséquence, s'opposer à l'audition d'un témoin qui n'aurait pas été indiqué ou qui n'aurait pas été clairement désigné par l'acte de notification.

Le tribunal criminel statuera de suite sur cette opposition.

Art. **250**. — Le Doyen du tribunal criminel ordonnera aux témoins de se retirer dans la chambre qui leur sera destinée ; ils n'en sortiront que pour déposer. Le Doyen prendra des précautions, s'il en est besoin, pour empêcher les témoins de conférer entr'eux du délit et de l'accusé avant leur déposition. — *I. cr.*, 137 et s., 165, 251 et s., 400.

Art. **251**. — Les témoins déposeront séparément l'un de l'autre, dans l'ordre établi par le Commissaire du

Gouvernement. Avant de déposer, ils prêteront, à peine de nullité, le serment de parler sans haine et sans crainte, de dire toute la vérité et rien que la vérité. — *Pén.*, 23, 28.

Le Doyen du tribunal criminel leur demandera leurs noms, prénoms, âge, profession, leur domicile ou résidence, s'ils connaissaient l'accusé avant le fait mentionné dans l'acte d'accusation ; s'ils sont parents ou alliés, soit de l'accusé, soit de la partie civile et à quel degré ; il leur demandera encore s'ils ne sont pas attachés au service de l'un ou de l'autre.

Cela fait, les témoins déposeront oralement. — *Pr.*, 263. — *I. cr.*, 60 et s., 127, 138, 190, 256.

Art. **252.** — Le Doyen du tribunal criminel fera tenir note, par le greffier, des additions, changements ou variations qui pourraient exister entre la déposition d'un témoin et ses précédentes déclarations.

Le Commissaire du Gouvernement et l'accusé pourront requérir le doyen du tribunal criminel de faire tenir les notes de ces changements, additions et variations. — *I. cr.*, 211, 262, 304 et s.

Art. **253.** — Après chaque déposition, le doyen du tribunal criminel demandera au témoin si c'est de l'accusé présent qu'il a entendu parler ; il demandera ensuite à l'accusé s'il veut répondre à ce qui vient d'être dit contre lui.

Le témoin ne pourra être interrompu : l'accusé ou son conseil pourront le questionner par l'organe du doyen du tribunal criminel, après sa déposition, et dire, tant contre lui que contre son témoignage, tout ce qui pourra être utile à la défense de l'accusé. — *I. cr.*, 234, 245, 259, 268.

Le Doyen du tribunal criminel pourra également demander au témoin et à l'accusé tous les éclaircissements qu'il croira nécessaires à la manifestation de la vérité.

Les Juges, le Commissaire du Gouvernement et les jurés auront la même faculté, en demandant la parole au doyen du tribunal criminel. La partie civile ne pourra faire des questions, soit au témoin, soit à l'accusé, que par l'organe du doyen du tribunal criminel.

Art. **254**. — Chaque témoin, après sa déposition, restera dans l'auditoire, si le doyen du tribunal criminel n'en a ordonné autrement, jusqu'à ce que les jurés se soient retirés pour donner leur declaration. — *I. cr.*, 250, 260, 275.

Art. **255**. — Après l'audition des témoins produits par le Commissaire du Gouvernement et par la partie civile, l'accusé fera entendre ceux dont il aura notifié la liste, soit sur les faits mentionnés dans l'acte d'accusation, soit pour attester qu'il est homme d'honneur, de probité et d'une conduite irréprochable. — *I. cr.*, 249, 258.

Les citations faites à la requête des accusés seront à leurs frais ; sauf au Commissaire du Gouvernement à faire citer, à sa requête, les témoins qui lui seront indiqués par l'accusé, dans le cas où il jugerait que leur déclaration peut être utile pour la découverte de la vérité.

Art. **256**. — Ne pourront être reçues les dépositions :

1° Du père, de la mère, de l'aïeul, de l'aïeule, ou de tout autre ascendant de l'accusé ou de l'un des accusés présents et soumis au même débat ;

2° Du fils, petit-fils, fille, petite-fille, ou de tout autre descendant ;

3° Des frères et sœurs ;

4° Des alliés au même degré. — *Civ.*, 623 et s.

5° Du conjoint, même après le divorce prononcé, ou

la séparation. — *Civ.*, 212, 249 et s., 277, 1224 et s.

6° Des dénonciateurs dont la dénonciation est récompensée pécuniairement par la loi. — *I. cr.*, 20, 257, 290.

Sans néanmoins que l'audition des personnes ci-dessus désignées puisse opérer une nullité, lorsque le commissaire du gouvernement, la partie civile ou l'accusé ne se seront pas opposés à ce qu'elles fussent entendues.

Art. **257**. — Les dénonciateurs pourront être entendus en témoignage ; mais le jury sera averti de leur qualité de dénonciateurs, à peine de nullité. — *I. cr.*, 20 et s., 256.

Art. **258**. — Les témoins produits par le commissaire du gouvernement ou par l'accusé seront entendus dans le débat, même lorsqu'ils n'auraient pas préalablement déposé par écrit, qu'ils n'auraient reçu aucune assignation, pourvu, dans tous les cas, que ces témoins soient portés sur la liste mentionnée dans l'article 249. — *I. cr.*, 59, 251 et s.

Art. **259**. — Les témoins, par quelque partie qu'ils soient produits, ne pourront jamais s'interpeller entr'eux. — *I. cr.*, 253.

Art. **260**. — L'accusé pourra demander, après qu'ils auront déposé, que ceux qu'il désignera se retirent de l'auditoire, et qu'un ou plusieurs d'entr'eux soient introduits et entendus de nouveau, soit séparément, soit en présence les uns des autres. — *I. cr.*, 250 et s.

Le commissaire du gouvernement aura la même faculté.

Le Doyen du tribunal criminel pourra aussi l'ordonner d'office.

Art. **261**. — Le Doyen du tribunal criminel pourra, avant, pendant ou après l'audition d'un témoin, faire retirer un ou plusieurs accusés, et les examiner séparément sur quelques circonstances du procès ; mais il aura soin de ne reprendre la suite des débats généraux, qu'après avoir instruit chaque accusé de ce qui sera fait pendant son absence, et de ce qui en sera résulté. — *I. cr.*, 188.

Art. **262.** — Pendant l'examen, les jurés, le Commissaire du Gouvernement et les Juges pourront prendre note de ce qui leur paraîtra important, soit dans les dépositions des témoins, soit dans la défense de l'accusé, pourvu que la discussion n'en soit pas interrompue. — *I. cr.*, 252, 304.

Dans le cours ou à la suite des dépositions, le doyen du tribunal criminel fera représenter à l'accusé toutes les pièces relatives au délit et pouvant servir à conviction ; il l'interpellera de répondre personnellement s'il les reconnaît : le doyen du tribunal criminel les fera aussi représenter aux témoins, s'il y a lieu. — *I. cr.*, 25, 73.

Art. **263.** — Si, d'après les débats, la déposition d'un témoin paraît fausse, le doyen du tribunal criminel pourra, sur la réquisition, soit du Commissaire du Gouvernement, soit de la partie civile, soit de l'accusé, et même d'office, faire sur le champ mettre le témoin en état d'arrestation.

Le Commissaire du Gouvernement et le Doyen du tribunal criminel, ou l'un des Juges par lui commis, rempliront à son égard, le premier, les fonctions d'officier de police judiciaire ; le second, les fonctions attribuées aux juges d'instruction dans les autres cas. — *I. cr.*, 30, 46 et s., 163, 251, 260, 347 et s. — *Pén.*, 307.

Les pièces d'instruction seront ensuite transmises à

la Chambre du Conseil pour y être statué sur la mise en accusation. — *I. cr.*, 176.

Art. **264**. — Dans le cas de l'article précédent, le Commissaire du Gouvernement, la partie civile ou l'accusé, pourront immédiatement requérir, et le tribunal criminel ordonner, même d'office, le renvoi de l'affaire à la prochaine session.

Art. **265**. — Dans le cas où l'accusé, les témoins ou l'un d'eux ne parleraient pas la même langue ou le même idiome, le doyen du tribunal criminel nommera d'office, à peine de nullité, un interprète âgé de vingt et un an au moins, et lui fera, sous la même peine, prêter serment de traduire fidèlement les discours à transmettre entre ceux qui parlent des langages différents. — *I. cr.*, 266.

L'accusé et le Commissaire du Gouvernement pourront récuser l'interprète, en motivant leur récusation. *Pr.*, 308 et s., 375 et s. — *I. cr.*, 234 et s.

Le tribunal prononcera.

L'interprète ne pourra, à peine de nullité, même du consentement de l'accusé ni du Commissaire du Gouvernement, être pris parmi les juges et les jurés siégeants, ni les témoins. — *I. cr.*, 60, 315.

Art. **266**. — Si l'accusé est sourd-muet, et ne sait pas écrire, le doyen du tribunal criminel nommera d'office, pour son interprète la personne qui aura le plus d'habitude de converser avec l'accusé sourd-muet.

Il en sera de même à l'égard du témoin sourd-muet.

Le surplus des dispositions du précédent article sera exécuté.

Dans le cas où le sourd-muet saurait écrire, le greffier écrira les questions et observations qui lui seront faites ; elles seront remises à l'accusé ou au témoin, qui donneront par écrit leurs réponses ou déclarations. Il sera fait lecture du tout par le greffier.

Art. **267**. — Le Doyen du tribunal déterminera celui des accusés qui devra être soumis le premier aux débats, en commençant par le principal accusé, s'il y en a un.

Il se fera ensuite un débat particulier sur chacun des autres accusés.

Art. **268**. — A la suite des dépositions des témoins et des dires respectifs auxquels elles auront donné lieu, la partie civile ou son conseil, et le Commissaire du Gouvernement seront entendus, et développeront les moyens qui appuient l'accusation. — *I. cr.*, 1, 53. 192.

L'accusé et son conseil pourront leur répondre. — *I. cr.*. 200, 245.

La réplique sera permise au Ministère public, et à la partie civile, mais l'accusé ou son conseil auront toujours la parole les derniers. — *I. cr.*, 166.

Le doyen du tribunal criminel déclarera ensuite que les débats sont terminés. Il résumera l'affaire. Il rappellera aux Jurés les fonctions qu'ils auront à remplir, et il leur posera les questions, ainsi qu'il sera dit ci-après. — *I. cr.*, 188.

Art. **269**. — Les questions résultant de l'acte d'accusation seront posées en ces termes :

« Tel fait est-il constant ?

« L'accusé *tel* en est-il coupable comme auteur ?

« Ou bien en est-il coupable comme complice pour « avoir agi de telle manière ?

« L'a-t-il commis avec telle ou telle circons« tance ? »

Seront énoncés, à peine de nullité, dans les questions de complicité, de recel et de tentative de crimes, les éléments constitutifs de ces crimes.

Art. **270.** — S'il résulte des débats une ou plusieurs circonstances aggravantes, non mentionnées dans l'acte d'accusation, le doyen du tribunal criminel ajoutera la question suivante :

« L'a-t-il commis avec telle ou telle circons-« tance ? »

Art. **271.** — Lorsque les faits compris dans le résumé de l'acte d'accusation se trouvent modifiés par les débats ; par exemple, quand l'accusé d'un crime, comme auteur, sera reconnu comme complice de ce crime, ou que le complice du crime sera désigné comme auteur principal, ou que les faits seront mal qualifiés par l'ordonnance de la Chambre du Conseil, des questions subsidiaires seront posées au jury par le doyen du tribunal criminel à la suite des questions principales résultant de l'acte d'accusation.

Art. **272.** — Lorsque l'accusé aura proposé pour excuse un fait admis comme tel par la loi, la question y relative sera ainsi posée :

« *Tel fait est-il constant ?* »

Art. **273.** — Si l'accusé a moins de quatorze ans, le doyen du tribunal criminel posera cette question :

« L'accusé a-t-il agi avec discernement ? »

Art. **274.** — En toute matière criminelle, même en cas de récidive, le doyen après avoir posé les questions résultant de l'acte d'accusation et des débats, avertira le jury, à peine de nullité, que s'il pense à la majorité qu'il existe, en faveur d'un ou de plusieurs accusés reconnus coupables, des circonstances atténuantes, il devra, au bas du verdict, faire la déclaration suivante :

« *A la majorité, il y a des circonstances atténuantes*
« *en faveur de tel accusé.* »

Ensuite le doyen remettra les questions écrites aux jurés dans la personne du chef du jury ; il leur remettra en même temps l'acte d'accusation, les procès-verbaux qui constatent les crimes, et les pièces du procès autres que les déclarations écrites des témoins. — *I. cr.*, 277 et s, 315.

Il fera retirer l'accusé de l'auditoire.

Art. **275.** — Les questions étant posées et remises aux jurés, ils se rendront dans leur chambre pour y délibérer.

Leur chef sera le premier juré sorti par le sort, ou celui qui sera désigné par eux du consentement de ce dernier.

Avant de commencer la délibération, le chef des jurés leur fera lecture de l'instruction suivante, qui sera, en outre, affichée en gros caractères dans le lieu le plus apparent de leur chambre :

« La loi prescrit aux jurés de s'interroger eux-
« mêmes dans le silence et dans le recueillement,
« et de chercher, dans la sincérité de leur conscience,
« quelle impression ont faite sur leur raison les
« preuves rapportées contre l'accusé, et les moyens
« de sa défense. La loi ne leur fait que cette seule
« question qui renferme toute la mesure de leurs
« devoirs : *Avez-vous une intime conviction ?*

« Ce qu'il est bien essentiel de ne pas perdre de vue,
« c'est que toute la délibération du jury porte sur les
« questions qui lui sont soumises ; c'est aux faits
« résultant des débats que les jurés doivent unique-
« ment s'attacher ; et ils manquent à leur premier
« devoir, lorsque, pensant aux dispositions des lois
« pénales, ils considèrent les suites que pourra avoir,

« par rapport à l'accusé, la déclaration qu'ils ont à « faire. Leur mission n'a pas pour objet la poursuite « ni la punition des délits, ils ne sont appelés que « pour déclarer si l'accusé est, ou non coupable du « crime qu'on lui impute. »

Art. **276.** — Les Jurés ne pourront sortir de leur chambre qu'après avoir formé leur déclaration.

L'entrée n'en pourra être permise pendant leur délibération, pour quelque cause que ce soit, que par le Doyen du tribunal criminel, pour des motifs urgents, et par écrit.

Le Doyen du tribunal criminel est tenu de donner au chef de la garde de service l'ordre spécial et par écrit de faire garder les issues de leur chambre : ce chef sera dénommé et qualifié dans l'ordre.

Le tribunal pourra punir le juré contrevenant, d'une amende de cent gourdes au plus. Tout autre qui aura enfreint l'ordre, ou qui ne l'aura pas fait exécuter, pourra être puni d'un emprisonnement de quarante-huit heures. — *I. cr.*, 285.

Amende actuelle : VINGT-CINQ PIASTRES. *(Loi du 10 août 1877, qui règle en monnaie forte les amendes, etc.)*

Art. **277.** — Les jurés délibèreront sur le fait ou les faits qui leur seront soumis, et ensuite sur chacune des circonstances ; le tout dans l'ordre des questions posées. — *I. cr.*, 274 et s., 284.

Art. **278.** — Le chef du Jury interrogera les Jurés et ils répondront sur chaque question par *oui* ou par *non*.

1° Si le juré pense que le fait n'est pas constant, il n'aura pas à répondre aux autres questions ;

2° Si le juré répond : *oui, le fait est constant*, le chef du Jury passera à la seconde question, et lui demandera, en la décomposant : *l'accusé tel en est-il coupable comme auteur ou comme complice ?*

Si le juré répond : *non*, il n'aura pas à répondre aux autres questions. Mais s'il répond affirmativement, le chef du Jury l'interrogera successivement sur chacune des circonstances, puis sur les faits connexes, s'il y en a, et enfin sur les circonstances atténuantes.

Art. **279.** — Le juré fera de plus, s'il y a lieu, une réponse particulière pour les cas prévus par les articles 272 et 273.

Art. **280,** *ainsi modifié par la loi du 30 septembre 1895.* —La décision du Jury, tant contre l'accusé que sur les circonstances atténuantes, se forme à la majorité absolue, sans que le nombre de voix puisse y être exprimé, le tout à peine de nullité.

En cas d'égalité de voix sur le fait principal et les circonstances aggravantes, l'avis favorable à l'accusé prévaudra.

Art. **281,** *également modifié de la manière suivante par la loi du 30 septembre 1895.* — Les Jurés rentreront ensuite au Tribunal et reprendront leurs places. Le Doyen leur demandera quel est le résultat de leur délibération.

Le Chef du Jury se lèvera, et, la main placée sur son cœur, il dira :

« *Sur mon honneur et ma conscienee, devant Dieu*
« *et devant les hommes, la déclaration du Jury est: Sur*
« *la première question, à la majorité absolue des voix :*
« *oui, le fait est constant*; ou bien, *le fait n'est pas*
« *constant.*

« *Sur la seconde question, à la majorité absolue des*
« *voix : Oui, l'accusé est coupable comme auteur;* ou

« bien, *l'accusé n'est pas coupable comme auteur*, et « ainsi sur les autres questions, s'il y a lieu. »

Art. **282**, *également modifié comme suit par la loi citée dans l'article précédent.*— La déclaration du Jury sera signée au moins par la majorité absolue, sans que l'abstention d'un juré ou de la minorité puisse l'infirmer.

Le Doyen du tribunal criminel la communiquera aux autres Juges, la signera et la fera signer par le greffier; après cette signature, les Jurés pourront se retirer.

Art. **283**. — Si le tribunal criminel estime que la déclaration du Jury est incomplète ou qu'elle ne peut s'accorder, le Doyen, avant de la signer, devra inviter les jurés à rentrer dans leur chambre pour la compléter ou la concilier. Mais si la déclaration est signée du Doyen, il n'y aura pas lieu d'en demander le complément ou la concordance.

Art. **284**. — Si néanmoins le tribunal criminel est convaincu que les jurés, tout en observant les formes, se sont trompés au fond, il déclarera qu'il est sursis au jugement et renverra l'affaire à la session suivante pour être soumise à un nouveau Jury dont ne pourra faire partie aucun des premiers jurés.

Nul n'aura le droit de provoquer cette mesure: le tribunal ne pourra l'ordonner que d'office immédiatement après que la déclaration du Jury aura été prononcée publiquement, et dans le cas où l'accusé aura été convaincu, jamais lorsqu'il n'aura pas été déclaré coupable.

Le tribunal sera tenu de prononcer immédiatement après la déclaration du second Jury, même quand elle serait conforme à la première.

Art. **285**. — L'examen et les débats une fois entamés, le doyen du tribunal criminel ne pourra les suspendre que pendant les intervalles nécessaires pour le repos des juges, des jurés, des témoins et des accusés. Et une fois que le Jury sera entré dans la chambre de délibération, il ne pourra plus avoir aucune communication au dehors, jusqu'après sa déclaration inclusivement. — *I. cr.*, 276.

Art. **286**. — Lorsqu'un témoin qui aura été cité ne comparaîtra pas, le tribunal pourra, sur la réquisition du Ministère public, et avant que les débats soient ouverts par la déposition du premier témoin inscrit sur la liste, renvoyer l'affaire à la prochaine session. — *I. cr.*, 302.

Art. **287**. — Si, à raison de la non-comparution du témoin, l'affaire est renvoyée à la session suivante, tous les frais de citation, actes et autres ayant pour objet de faire juger l'affaire, seront à la charge du témoin et il sera décerné contre lui contrainte, même par corps, sur la réquisition du Ministère public par le jugement qui renverra les débats à la session suivante.

Le même jugement ordonnera, de plus que ce témoin sera amené par la force publique devant le tribunal pour y être entendu.

Et néanmoins, dans tous les cas, le témoin qui ne comparaîtra pas, ou qui refusera soit de prêter serment, soit de faire sa déposition, sera condamné à la peine portée en l'article 67.

Une amende de QUARANTE PIASTRES. *(Loi du 10 août 1877, qui règle en monnaie forte les amendes, etc.)*

Art. **288**. — La voie de l'opposition sera ouverte, contre ces condamnations, dans les dix jours de la signification qui en aura été faite au témoin condamné ou à son domicile, outre un jour par cinq lieues; et l'opposition sera reçue, s'il prouve qu'il a été légitimement empêché, ou que l'amende prononcée contre lui doit être modérée. — *Pr.*, 78, 954.

SECTION II

Du jugement et de l'exécution.

Art. **289.** — Le doyen du tribunal criminel fera comparaître l'accusé, et le greffier lira en sa présence la déclaration du jury. — *I. cr.*, 290 et s., 303 et s.

Art. **290.** — Lorsque l'accusé aura été déclaré non coupable, le doyen prononcera qu'il est acquitté de l'accusation et ordonnera qu'il soit mis en liberté s'il n'est retenu pour autre cause. — *I. cr.*, 292 et s., 316 et s.

Le tribunal statuera ensuite sur les dommages-intérêts respectivement prétendus, après que les parties auront proposé leurs fins de non-recevoir ou leurs défenses et que le ministère public aura été entendu.

L'accusé acquitté pourra aussi obtenir des dommages-intérêts contre ses dénonciateurs pour fait de calomnie, sans néanmoins que les membres des autorités constituées puissent être ainsi poursuivis à raison des avis qu'ils sont tenus de donner concernant les délits dont ils ont cru acquérir la connaissance dans l'exercice de leurs fonctions et sauf contre eux la demande en prise à partie s'il y a lieu. — *Pr.*, 135, 438. — *I. cr.*, 19 et s., 291.

Le Commissaire du Gouvernement sera tenu, sur la réquisition de l'accusé, de lui faire connaître ses dénonciateurs.

Art. **291.** — Les demandes en dommages-intérêts, formées soit par l'accusé contre ses dénonciateurs ou la partie civile, soit par la partie civile contre l'accusé ou le condamné seront portées au tribunal criminel.

La partie civile est tenue de former sa demande en dommages-intérêts avant le jugement; plus tard, elle sera non recevable. — *I. cr.*, 294.

Il en est de même de l'accusé s'il a connu son dénonciateur. Dans le cas où l'accusé n'aurait connu son dénonciateur que depuis le jugement, mais avant la fin de la session, il sera tenu, sous peine de déchéance, de porter sa demande au tribunal criminel; s'il ne l'a connu qu'après la clôture de la session, sa demande sera portée au tribunal civil.

A l'égard des tiers qui n'auraient pas été partie au procès, ils s'adresseront au tribunal civil. — *Civ.* 1135-3°, 1136. — *Pr.*, 69 et s.

Art. **292**. — Toute personne acquittée légalement ne pourra plus être reprise ni accusée à raison du même fait. — *Civ.* 1135 et s. — *I. cr.*, 293 et s., 316.

Art. **293**. — Lorsque, dans le cours des débats, l'accusé aura été inculpé sur un autre fait, soit par des pièces soit par les dépositions des témoins, le doyen du tribunal criminel, après avoir prononcé qu'il est acquitté de l'accusation, ordonnera qu'il soit poursuivi à raison du nouveau fait; en conséquence, il le renverra en état de mandat d'arrêt, s'il y échet; devant le juge d'instruction du ressort pour être procédé à une nouvelle instruction. — *I. cr.*, 270, 292, 301.

Cette disposition ne sera toutefois exécutée que dans le cas où, avant la clôture des débats, le Ministère public aurait fait des réserves à fin de poursuites. — *I. cr.*, 13, 192.

Art. **294**. — Lorsque l'accusé aura été déclaré coupable, le commissaire du gouvernement fera sa réquisition au tribunal pour l'application de la loi. — *I. cr.*, 144, 295, 307.

La partie civile fera la sienne pour restitution et

dommages-intérêts. — *Civ.*, 929, 1168. — *I. cr.*, 53, 291.

Art. **295**. — Le doyen du tribunal criminel demandera à l'accusé s'il n'a rien à dire pour sa défense. L'accusé ni son conseil ne pourront plus plaider que le fait est faux, mais seulement qu'il n'est pas défendu ou qualifié délit par la loi, ou qu'il ne mérite pas la peine dont le Ministère public a requis l'application, ou qu'il n'emporte pas de dommages-intérêts au profit de la partie civile, ou enfin que celle-ci élève trop haut les dommages-intérêts qui lui sont dûs. — *I. cr.*, 200, 294.

Art. **296**. — Le tribunal prononcera l'absolution de l'accusé, si le fait dont il est déclaré coupable, n'est pas défendu par une loi pénale. — *I. cr.*, 205-1°, 292, 316.

Art. **297**. — Si ce fait est défendu, le tribunal prononcera la peine établie par la loi, même dans le cas où, d'après les débats, il se trouverait n'être plus de la compétence du tribunal criminel. —*I. cr.*, 168,294 et s. 307.

En cas de conviction de plusieurs crimes ou délits, la peine la plus forte sera prononcée.

Art. **298**. — Dans le cas d'absolution comme dans celui d'acquittement ou de condamnation, le tribunal statuera sur les dommages-intérêts, prétendus par la partie civile ou par l'accusé ; il les liquidera par le même jugement. — *Civ.*, 939, 1168. — *Pr.*, 135. — *I. cr.*, 115, 145 et s. — *Pén.*, 39.

Le tribunal ordonnera aussi que les effets pris seront restitués au propriétaire. — *I. cr.*, 374.

Néanmoins, s'il y a eu condamnation, cette restitution ne sera faite qu'en justifiant, par le propriétaire, que le condamné a laissé passé les délais sans se pourvoir en cassation, ou, s'il s'est pourvu, que l'affaire est définitivement terminée. — *I. cr.*, 307, 314 et s.

Art. **299**. — Lorsque l'accusé aura été déclaré excusable, le tribunal prononcera conformément au Code pénal. — *I. cr.*, 272. — *Pén.*, 49, 266, 271.

Art. **300**. — L'accusé, ou la partie civile, qui succombera sera condamné aux frais envers l'Etat et envers l'autre partie. — *I. cr.*, 170.

Art. **301**. — Le jugement sera prononcé à haute voix par le Doyen du Tribunal criminel, en présence du public et de l'accusé : avant de le prononcer, le doyen du tribunal criminel est tenu de lire le texte de la loi sur laquelle il est fondé. — *Pr.*, 121. — *I. cr*, 145, 171, 318.

Le greffier écrira le jugement ; il y insérera le texte de la loi appliquée, sous peine de quatre-vingts gourdes d'amende. — *I. cr.*, 302, 352.

Amende actuelle : VINGT PIASTRES. *(Loi du 10 août 1877, qui règle en monnaie forte les amendes, etc.)*

Art. **302**. — La minute du jugement sera signée par les juges qui l'auront rendu, à peine de quatre-vingts gourdes d'amende contre le greffier, et, s'il y a lieu, de prise à partie, tant contre le greffier que contre les juges. — *Pr.*, 439 et s. — *I. cr.*, 64, 146, 172, 301, 352.

Elle sera signée dans les vingt-quatre heures de la prononciation du jugement. — *I. cr.*, 394.

Amende actuelle : VINGT PIASTRES. *(Loi citée dans l'article précédent.)*

Art. **303**. — Après avoir prononcé le jugement, le doyen du tribunal criminel pourra, selon les circonstances, exhorter l'accusé à la fermeté, à la résignation ou à réformer sa conduite.

Il l'avertira de la faculté qui lui est accordée de se

pourvoir en cassation, et du terme dans lequel l'exercice de cette faculté est circonscrit.

Art. **304.** — Le greffier dressera un procès-verbal de la séance, à l'effet de constater que les formalités prescrites ont été observées.

Il ne sera fait mention au procès-verbal de la séance, ni des réponses des accusés, ni du contenu aux dépositions ; sans préjudice toutefois de l'exécution de l'article 252, concernant les changements, variations et contradictions dans les déclarations des témoins.

Le procès-verbal sera signé par le doyen et par les juges du tribunal criminel, ainsi que par le greffier.

Le défaut de procès-verbal sera puni de quatre cents gourdes d'amendes contre le greffier.

Amende actuelle : CINQUANTE PIASTRES. *(Loi du 10 août 1877, qui règle en monnaie forte les amendes, etc.)*

Art. **305.** — Le condamné aura trois jours francs après celui où son arrêt lui aura été prononcé pour déclarer au greffe qu'il se pourvoit en cassation. — *I. cr.*, 175-n° 2, 289, 294, 303.

Le Commissaire du Gouvernement pourra, dans le même délai, déclarer au greffe qu'il demande cassation du jugement. — *I. cr.*, 192.

La partie civile aura aussi le même délai ; mais elle ne pourra se pourvoir que quant aux dispositions relatives à ses intérêts civils.

Le condamné qui voudra former un recours en grâce, devra le faire dans le même délai de trois jours.

Pendant ces trois jours, et s'il y a eu recours en grâce, jusqu'à la réception de l'arrêt du tribunal de cassation ou jusqu'à la décision du recours en grâce, il sera sursis à l'exécution du jugement du tribunal criminel (1). — *I. cr.*, 307 et s.

Art. **306**. — Dans les cas prévus par les articles 316 et 319, du présent Code, le Commissaire du Gouvernement ou la partie civile n'auront que vingt-quatre heures pour se pourvoir. — *I. cr.*, 305.

Art. **307**. — La condamnation sera exécutée dans les vingt-quatre heures qui suivront les délais mentionnés en l'article 305, s'il n'y a point de recours en cassation; ou, en cas de ce recours, dans les vingt-quatre heures de la réception de l'arrêt du tribunal de cassation qui aura rejeté la demande. — *I. cr.* 294 et s., 308 et s. — *Pén.*, 22.

Art. **308**. — La condamnation sera exécutée par les ordres du Commissaire du Gouvernement, il aura le droit de requérir directement pour cet effet l'assistance de la force publique. — *I. cr.*, 10, 14, 85, 90, 192, 311.

Néanmoins, aucune condamnation à mort ne peut être exécutée que sur un ordre du Président d'Haïti.

Art. **309**. — Si le condamné veut faire une déclaration, elle sera reçue par un des juges du lieu de l'exécution, assisté du greffier.

Art. **310**. — Le procès-verbal d'exécution sera, sous peine de quatre-vingts gourdes d'amende, dressé par le greffier, et transcrit par lui, dans vingt-quatre heures, au pied de la minute du jugement. La transcription sera signée par lui ; et il fera mention du tout, sous la même peine, en marge du procès-verbal. Cette mention sera également signée, et la transcription

(1) *Voy. Loi du 26 septembre 1860, sur le droit de grâce, de commutation de peines et d'amnistie.* (Lois usuelles d'Haïti, par Gustave Chaumette, 2e partie).

fera preuve comme le procès-verbal même. — *I. cr.*, 302 et s., 352.

Art. **311**. — Lorsque, pendant les débats qui auront précédé le jugement de condamnation, l'accusé aura été inculpé, soit par des pièces, soit par des dépositions de témoins, sur d'autres crimes que ceux dont il était accusé, si ces crimes nouvellement manifestés méritent une peine plus grave que les premiers, ou si l'accusé a des complices en état d'arrestation, le tribunal ordonnera qu'il soit poursuivi, à raison de ces nouveaux faits, suivant les formes prescrites par le présent Code. — *I. cr.*, 293.

Dans ces deux cas, le Commissaire du Gouvernement surseoira à l'exécution du jugement qui a prononcé la condamnation, jusqu'à ce qu'il ait été statué sur le second procès. — *I. cr.*, 307, 346 et s., 370, 418 et s.

Art. **312**. — Toutes les minutes des jugements rendus au criminel seront réunies et déposées au greffe du tribunal.

CHAPITRE VI

DES AFFAIRES DONT LES TRIBUNAUX CRIMINELS DEVRONT CONNAITRE SANS ASSISTANCE DU JURY.

Art. **313** (1), *abrogé par l'article 25 de la constitution du 9 octobre 1889, ainsi conçu :*

(1) *Ancien article 313 du Code d'instruction criminelle abrogé par l'article 25 de la constitution du 9 octobre 1889 :* Seront jugés par les tribunaux criminels sans assistance du Jury :

1° Les faits de fausses monnaies, de contrefaçons, de sceaux de l'Etat, des billets de banque, des effets publics, des poinçons, timbres et marques;

2° Les faits de vol emportant peine afflictive ou infamante ;

3° L'incendie, et tous faits qui sont ou seront prévus par des lois spéciales.

Ces tribunaux observeront les formalités prescrites par les chapitres 1, 2, 3 et 5 de la présente loi à l'exception de celles qui sont relatives au Jury.

Art. 25. — Le jury est établi en matière criminelle et pour délits politiques et de la presse.

Néanmoins, en cas d'état de siège légalement déclaré, les crimes et délits contre la sûreté intérieure et extérieure de l'Etat, et en général, tous les délits politiques commis par la voie de la presse ou autrement, seront jugés par les tribunaux criminels ou correctionnels compétents, sans assistance du jury (1).

LOI N° 5

Sur les manières de se pourvoir contre les jugements.

CHAPITRE PREMIER

DES NULLITÉS DE L'INSTRUCTION ET DU JUGEMENT

Art. 314. — Les jugements rendus en dernier ressort, en matière criminelle, correctionnelle ou de police, ainsi que l'instruction et les poursuites qui les auront précédés, pourront être annulés dans les cas suivants. — *I. cr.*, 152, 175, 186, 305 et s., 374, 409, 426 et s.

SECTION PREMIÈRE

Matières criminelles

Art. 315. — Lorsque l'accusé aura subi une condamnation, et que, soit dans l'ordonnance de renvoi devant le tribunal criminel, soit dans l'instruction et la procédure qui auront été faites devant ce tribunal,

(1) *Voy. Recueil des lois usuelles d'Haiti par* GUSTAVE CHAUMETTE *(1re partie).*

1° Loi du 13 avril 1880 sur l'état de siège ; 2° loi du 6 septembre 1870, sur le mode de procéder devant les tribunaux correctionnels, en matière de délits politiques et de presse ; 3° loi du 5 octobre 1891 qui remplace la peine de mort en matière politique par une détention dans une prison de trois à six ans.

soit dans le jugement même de condamnation, il y aura eu violation ou omission de quelques-unes des formalités que le présent Code prescrit sous peine de nullité, cette omission ou violation donnera lieu, sur la poursuite de la partie condamnée ou du Ministère public, à l'annulation du jugement de condamnation et de ce qui l'a précédé, à partir du plus ancien acte nul. — *I, cr.*, 297, 322, 327.

Il en sera de même, tant dans le cas d'incompétence que lorsqu'il aura été omis ou refusé de prononcer, soit sur une ou plusieurs demandes de l'accusé, soit sur une ou plusieurs réquisitions du Ministère public, tendant à user d'une faculté ou d'un droit accordé par la loi, bien que la peine de nullité ne fût pas textuellement attachée à l'absence de la formalité dont l'exécution aura été demandée ou requise. — *I. cr.*, 195 et s., 323 et s., 426.

Art. **316.** — Dans le cas d'acquittement de l'accusé, l'annulation de l'ordonnance qui l'aura prononcé, et de ce qui l'aura précédé, ne pourra être poursuivie par le Ministère public que dans l'intérêt de la loi, et sans préjudicier à la partie acquittée. — *I. cr.*, 192, 292, 306, 317, 343 et s.

Art. **317.** — Lorsque la nullité procédera de ce que le jugement aura prononcé une peine autre que celle appliquée par la loi à la nature du crime, l'annulation du jugement pourra être poursuivie tant par le Ministère public que par la partie condamnée. — *I. cr.*, 192, 297, 315 et s., 337.

La même action appartiendra au Ministère public contre les jugements d'absolution mentionnés en l'article 296, si l'absolution a été motivée sur la non-existence d'une loi pénale, qui pourtant aurait existé.

Art. **318.** — Lorsque la peine prononcée sera la

même que celle portée par la loi qui s'applique au crime, nul ne pourra demander l'annulation du jugement, sous le prétexte qu'il y aurait érreur dans la citation du texte de la loi. — *I. cr.*, 145, 171, 301, 317, 321.

Art. **319.** — Dans aucun cas la partie civile ne pourra poursuivre l'annulation d'une ordonnance d'acquittement ou d'un jugement d'absolution ; mais si le jugement a prononcé contre elle des condamnations civiles, supérieures aux demandes de la partie acquittée ou absoute, cette disposition du jugement pourra être annulée, sur la demande de la partie civile. — *Civ.*, 939, 1168. — *Pr.*, 416- 3°. — *I. cr.*, 1, 53, 305 et s., 317, 326, 339.

Section II

Matières correctionnelles et de police.

Art. **320.** — Les voies d'annulation exprimées en l'article 315 sont, en matière correctionnelle ou de police, respectivement ouvertes à la partie poursuivie pour un délit ou une contravention, au ministère public, et à la partie civile, s'il y en a une, contre tous jugements en dernier ressort. sans distinction de ceux qui ont prononcé le renvoi de la partie ou sa condamnation. — *I. cr.*, 1, 13, 33, 143, 148, 175, 321 et s.

Néanmoins, lorsque le renvoi de cette partie aura été prononcé, nul ne pourra se prévaloir contre elle de la violation ou omission des formes prescrites pour assurer sa défense.

Art. **321.** — La disposition de l'article 318 est applicable aux jugements en dernier ressort rendus en matière correctionnelle ou de police.

Section III

Disposition commune aux deux sections précédentes.

Art. **322.** — Dans le cas où, soit le tribunal de cassation, soit un tribunal civil, annulera une instruction, il pourra ordonner que les frais de la procédure à recommencer seront à la charge de l'officier ou juge instructeur qui aura commis la nullité. — *I. cr.*, 198.

Néanmoins la présente disposition n'aura lieu que pour des fautes très graves. — *I. cr.*, 315.

CHAPITRE II

DES DEMANDES EN CASSATION.

Art. **823.** — Le recours en cassation contre les jugements préparatoires et d'instruction, ou les jugements en dernier ressort de cette qualité, ne sera ouvert qu'après le jugement définitif ; l'exécution volontaire de tels jugements préparatoires ne pourra, en aucun cas, être opposée comme fin de non-recevoir.

La présente disposition ne s'applique point aux jugements rendus sur la compétence. — *I. cr.*, 295 et s., 315, 426.

Art. **324.** — La déclaration de recours sera faite au greffier par la partie condamnée, et signée d'elle et du greffier ; et si le déclarant ne peut, ne sait ou ne veut signer, le greffier en fera mention. — *I. cr.*, 133, 153, 175, 305 et s., 315 et s.

Cette déclaration pourra être faite, dans la même forme, par le défenseur de la partie condamnée ou par un fondé de pouvoir spécial ; dans ce dernier cas, le pouvoir demeurera annexé à la déclaration. — *Civ.*, 1751. — *Pr.*, 86. — *I. cr.*, 161, 201, 369.

Elle sera inscrite sur un registre à ce destiné ; ce registre sera public, et toute personne aura le droit de s'en faire délivrer des extraits.

Art. **325.** — Lorsque le recours en cassation contre un jugement en dernier ressort, rendu en matière criminelle, correctionnelle ou de police, sera exercé, soit par la partie civile, s'il y en a une, soit par le Ministère public, ce recours, outre l'inscription énoncée en l'article précédent, sera notifié à la partie, contre laquelle il sera dirigé, dans le délai de trois jours. — *Pr.*, 78, 954. — *I. cr.*, 13, 53, 192.

Lorsque cette partie sera actuellement détenue, l'acte contenant la délaration de recours lui sera lu par le greffier; elle le signera, et si elle ne le peut, ne le sait ou ne le veut, le greffier en fera mention.

Lorsqu'elle sera en liberté, le demandeur en cassation lui notifiera son recours, par le ministère d'un huissier, soit à personne, soit au domicile par elle élu; le délai sera, en ce cas, augmenté d'un jour par cinq lieues. — *I. cr.*, 18, 59, 83, 229.

Art. **326.** — La partie civile qui se sera pourvue en cassation, est tenue de joindre aux pièces une expédition authentique du jugement. — *I. cr.*, 53, 305, 319, 339.

Elle est tenue, à peine de déchéance, de consigner une amende de soixante gourdes ou de la moitié de cette somme, si l'arrêt est rendu par contumace ou par défaut. — *I. cr.*, 130, 162, 327 et s., 371.

Amende actuelle : QUINZE PIASTRES. *(Loi du 10 août 1877, qui règle en monnaie forte les amendes, etc.)*

Art. **327.** — Sont dispensés de l'amende : 1° les condamnés en matière criminelle ; 2° les agents publics pour affaires qui concernent directement l'administration. — *I. cr.*, 326.

A l'égard de toutes autres personnes, l'amende sera encourue par celles qui succomberont dans leur recours; seront néanmoins dispensés de la consigner, celles qui joindront à leur demande en cassation, un certificat d'indigence à elles délivré par le juge de paix de leur commune et visé par l'officier d'administration. — *I. cr.*, 205-1°, 333.

Art. **328.** — Les condamnés, même en matière correctionnelle ou de police, à une peine emportant privation de la liberté, ne seront pas admis à se pourvoir en cassation, lorsqu'ils ne seront pas actuellement en état, ou lorsqu'ils n'auront pas été mis en liberté provisoire sous caution, — *Civ.*, 286-1°. — *Pr.*, 93. — *I. cr.*, 96.

Néanmoins, lorsque le recours en cassation sera motivé sur l'incompétence, il suffira au demandeur, pour que son recours soit reçu, de justifier qu'il s'est actuellement constitué dans la maison de justice du lieu où siège le tribunal de cassation; le gardien de cette maison pourra l'y recevoir, sur la représentation de sa demande adressée au Commissaire du Gouvernement près le tribunal, et visée par ce magistrat.

Art. **329.** — Le condamné ou la partie civile, soit en faisant sa déclaration, soit dans les dix jours suivants, pourra déposer au greffe du tribunal qui aura rendu le jugement attaqué, une requête contenant ses moyens de cassation : le greffier lui en donnera reconnaissance, et remettra sur le champ cette requête au magistrat chargé du Ministère public. — *I. cr.*, 1, 53, 326 et s.

Art. **330.** — Dans les dix jours qui suivront la déclaration, ce magistrat fera passer au Grand Juge les pièces du procès, et les requêtes des parties, si elles en ont déposé. — *I. cr.*, 329 et s.

Le greffier du tribunal qui aura rendu le jugement attaqué, rédigera sans frais et joindra un inventaire des pièces, sous peine de quatre-vingts gourdes d'amende, laquelle sera prononcée par le tribunal de cassation.

Amende actuelle : VINGT PIASTRES. *(Loi du 10 août 1877, qui règle en monnaie forte les amendes, etc.).*

Art. **331**. — Dans les vingt-quatre heures de la réception de ces pièces, le Grand Juge les adressera au tribunal de cassation, et il en donnera avis au magistrat qui les lui aura transmises. — *I. cr.*, 342.

Les condamnés pourront aussi transmettre directement au greffe du tribunal de cassation, soit leurs requêtes, soit les expéditions ou copies signifiées, tant du jugement que de leurs demandes en cassation. — *I. cr.*, 153, 326 et s.

Art. **332**. — Le tribunal de cassation, en toute affaire criminelle, correctionnelle, ou de police, pourra statuer sur le recours en cassation aussitôt après l'expiration des délais portés au présent chapitre, et devra y statuer, dans le mois au plus tard, à compter du jour où ces délais seront expirés.

Art. **333**. — Le tribunal de cassation rejettera la demande ou annulera le jugement, sans qu'il soit besoin d'un arrêt préalable d'admission. — *I. cr.*, 314 et suiv.

Art. **334**. — Lorsque le tribunal de cassation annulera un jugement rendu soit en matière criminelle ou correctionnelle, soit en matière de police, il renverra le procès et les parties devant un tribunal de même qualité que celui qui aura rendu le jugement annulé.

Il renverra le procès et les parties devant les juges qui doivent en connaître, si le jugement est annulé pour cause d'incompétence.

Art. **335**. — Lorsque le procès aura été renvoyé devant un tribunal criminel, et qu'il y aura des complices qui ne seront pas en état d'accusation, ce tribunal renverra devant le juge d'instruction pour faire, concurremment avec le Ministère public, l'instruction dont les pièces seront ensuite soumises à la Chambre du Conseil qui prononcera, s'il y a lieu ou non à la mise en accusation. — *I. cr.*, 112, 192, 209, 337, 390.

Art. **336.** — Lorsque le jugement sera annulé parce que le fait qui aura donné lieu à une condamnation, se trouvera n'être pas un délit qualifié par la loi, le renvoi, s'il y a une partie civile, sera fait devant un tribunal civil ; mais s'il n'y a point de partie civile, il ne sera prononcé aucun renvoi.

Art. **337.** — Si le jugement a été annulé pour avoir prononcé une peine autre que celle que la loi applique à la nature du crime, le tribunal criminel à qui le procès sera renvoyé rendra son jugement sur la déclaration déjà faite par le Jury. — *I. cr.*, 192, 282, 297, 315 et s.

Si le jugement a été annulé pour autre cause, il sera procédé à de nouveaux débats devant le tribunal criminel auquel le procès sera renvoyé. — *I. cr.*, 244, 338.

Le tribunal de cassation n'annulera qu'une partie du jugement, lorsque la nullité ne viciera qu'une ou quelques-unes de ses dispositions.

Art. **338.** — L'accusé dont la condamnation aura été annulée, et qui devra subir un nouveau jugement au criminel, sera traduit, soit en état d'arrestation, soit en exécution de l'ordonnance de prise de corps, devant le tribunal à qui son procès sera renvoyé. — *I. cr.*, 120, 337.

Art. **339.** — La partie civile qui succombera dans son recours, soit en matière criminelle, soit en matière correctionnelle ou de police, sera condamnée à une amende de soixante gourdes (*a*), et aux frais envers la partie acquittée, absoute ou renvoyée : la partie civile sera de plus condamnée, envers l'Etat, à une amende de soixante gourdes, ou de trente gourdes (*b*) seulement, si le jugement a été rendu par contumace ou par défaut. — *I. cr.*, 1, 53, 115, 287, 300, 305, 319, 326, 340, 371, 379.

Amende actuelle : (a) QUINZE PIASTRES. *(b)* QUINZE PIASTRES OU SEPT PIASTRES ET DEMIE. *(Loi du 10 Août 1877 qui règle en monnaie forte les amendes, etc.)*

Art. **340.** — Lorsque le jugement aura été annulé, l'amende consignée sera rendue sans aucun délai, en quelques termes que soit conçu l'arrêt qui aura statué sur le recours, et quand même il aurait omis d'en ordonner la restitution. — *I. cr.*, 333, 337, 339.

Art. **341.** — Lorsqu'une demande en cassation aura été rejetée, la partie qui l'avait formée ne pourra plus se pourvoir en cassation contre le même jugement, sous quelque prétexte et par quelque moyen que ce soit.

Art. **342.** — L'arrêt qui aura rejeté la demande, sera délivré, dans les trois jours, au Commissaire du Gouvernement près le tribunal de cassation, par simple extrait signé du greffier, lequel sera adressé au Grand-Juge, et envoyé par celui-ci au magistrat chargé du ministère public près le tribunal qui aura rendu le jugement attaqué. — *I. cr.*, 307 et s., 321.

Art. **343.** — Lorsque, sur l'exhibition d'un ordre formel à lui donné par le Grand-Juge, le Commissaire du Gouvernement près le tribunal de cassation dénoncera au tribunal de cassation des actes judiciaires ou jugements contraires à la loi, ces actes ou jugements pourront être annulés, et les officiers de police ou les juges poursuivis s'il y a lieu, de la manière exprimée au chapitre III de la loi N° 6. — *Pr.*, 917, n° 27. — *I. cr.*, 316.

Art. **344.** — Lorsqu'il aura été rendu par un tribunal

criminel ou par un tribunal correctionnel ou de police, un jugement en dernier ressort sujet à cassation, et contre lequel néanmoins aucune des parties ne se sera pourvue dans le délai déterminé, le commissaire du gouvernement près le tribunal de cassation pourra aussi d'office, et nonobstant l'expiration du délai, en donner connaissance au tribunal de cassation : le jugement sera cassé, sans que les parties puissent s'en prévaloir pour s'opposer à son exécution. — *I. cr.*, 316, 343.

CHAPITRE III

DES DEMANDES EN RÉVISION

Art. **345.** — Lorsqu'un accusé aura été condamné pour un crime, et qu'un autre accusé aura aussi été condamné par un autre jugement comme auteur du même crime, si les deux jugements peuvent se concilier, et sont la preuve de l'innocence de l'un ou de l'autre condamné, l'exécution des deux jugements sera suspendue, quand même la demande en cassation de l'un ou de l'autre jugement aurait été rejetée. — *I. cr.*, 301 et s., 418, 421.

Le Grand-Juge, soit d'office, soit sur la réclamation des condamnés ou de l'un deux, ou du Ministère public, chargera le Commissaire du Gouvernement près le tribunal de Cassation, de dénoncer les deux jugements à ce tribunal, qui, après avoir vérifié que les deux jugements ne peuvent se concilier, cessera les deux condamnations. et renverra les accusés, pour être procédé sur les actes d'accusation subsistants, devant un tribunal autre que ceux qui ont rendu les deux jugements. — *I. cr.*, 335 et s.

Art. **346.** — Lorsqu'après une condamnation pour homicide, il sera, de l'ordre exprès du Grand-Juge, adressé au tribunal de cassation des pièces représentées postérieurement à la condamnation, et propres à faire naître de suffisants indices sur l'existence de la personne dont la mort supposée aurait donné lieu à la condamnation, ce tribunal pourra préparatoirement désigner un tribunal pour reconnaître l'existence et l'identité de la personne prétendue homicidée, et les constater par l'interrogatoire de cette personne, par audition des témoins, et par tous les moyens propres à mettre en évidence le fait destructif de la condamnation. — *Pr.*, 253 et s. — *I. cr.*, 67, 189. — *Pén.*, 240 et s.

L'exécution de la condamnation sera, de plein droit. suspendue par l'ordre du Grand-Juge, jusqu'à ce que le tribunal de cassation ait prononcé, et, s'il y a lieu ensuite, par l'arrêt préparatoire de ce tribunal. — *I. cr.*, 301 et s., 345 et s., 418 et s.

Le Tribunal désigné par le tribunal de cassation, prononcera simplement sur l'identité ou la non identité de la personne : et après que son jugement aura été, avec la procédure, transmis au tribunal de cassation, celui-ci pourra casser le jugement de condamnation, et même renvoyer, s'il y a lieu, l'affaire à un tribunal criminel, autre que ceux qui en auraient primitivement connu. — *I. cr.*, 335 et s.

Art. **347.** — Lorsqu'après une condamnation contre un accusé, l'un ou plusieurs des témoins qui avaient déposé à charge contre lui, seront poursuivis pour avoir porté un faux témoignage dans le procès, et si l'accusation en faux témoignage est admise contre eux, ou même s'il est décerné contre eux des mandats d'arrêt, il sera sursis à l'exécution du jugement de condamnation, quand même le tribunal de cassation aurait rejeté la requête du condamné. — *I. cr.*, 263, 301, 305 et s., 418 et s.

Si les témoins sont ensuite condamnés pour faux témoignage à charge, le Grand-Juge, soit d'office, soit sur la réclamation de l'individu condamné par le premier jugement. chargera le Commissaire du Gouvernement près le tribunal de cassation, de dénoncer le fait à ce tribunal.

Le tribunal de cassation, après avoir vérifié la déclaration du Jury, sur laquelle le second jugement aura été rendu, annulera le premier jugement, si, par cette déclaration, les témoins sont convaincus de faux témoignage à charge contre le premier condamné ; et pour être procédé contre l'accusé sur l'acte d'accusation subsistant, il le renverra devant un tribunal criminel autre que ceux qui auront rendu soit le premier, soit le second jugement. — *I. cr.*, 335 et s.

Si les accusés de faux témoignage sont acquittés, le sursis sera levé de droit, et le jugement de condamnation sera exécuté.

Art. **348.** — Les témoins condamnés pour faux témoignage ne pourront pas être entendus dans les nouveaux débats. — *I. cr.*, 263.

Art. **349.** — Lorsqu'il y aura lieu de réviser une condamnation pour la cause exprimée en l'article 345, et que cette condamnation aura été portée contre un individu mort depuis, le tribunal de cassation créera un curateur à sa mémoire, avec lequel se fera l'instruction, et qui exercera tous les droits du condamné.

Si, par le résultat de la nouvelle procédure, la première condamnation se trouve avoir été portée injustement, le nouveau jugement déchargera la mémoire du condamné de l'accusation qui avait été portée contre lui. — *I. cr.*, 346.

LOI N° 6

Sur quelques procédures particulières

CHAPITRE PREMIER

DU FAUX

Art. **350**. — Dans tous les procès pour faux en écriture, la pièce arguée de faux, aussitôt qu'elle aura été produite, sera déposée au greffe, signée et paraphée à toutes les pages par le greffier, qui dressera un procès-verbal détaillé de l'état matériel de la pièce, et par la personne qui l'aura déposée, si elle sait signer, ce dont il sera fait mention ; le tout à peine de quarante gourdes d'amende contre le greffier qui l'aura reçue sans que cette formalité ait été remplie. — *Pr.*, 194 et s., 215 et s. — *I. cr.*, 136, 172, 351 et s. — *Pén.* 97 et s.

Amende actuelle : DIX PIASTRES. *(Loi du 10 août 1877, qui règle en monnaie forte, etc.)*

Art. **351**, — Si la pièce arguée de faux est tirée d'un dépôt public, le fonctionnaire qui s'en dessaisira, la signera aussi et la paraphèra, comme il vient d'être dit, sous peine d'une pareille amende.

Art. **352**. — La pièce arguée de faux sera de plus signée par l'officier de police judiciaire, et la partie civile ou son défenseur, si ceux-ci se présentent.

Elle le sera également par le prévenu, au moment de sa comparution.

Si les comparants, ou quelques-uns d'entre eux, ne peuvent pas ou ne veulent pas signer, le procès-verbal en fera mention.

En cas de négligence ou d'omission, le greffier sera puni de quarante gourdes d'amende.

Amende actuelle : DIX PIASTRES. *(Loi du 10 août 1877, qui règle en monnaie forte les amendes, etc.)*

Art. **353**. — Les plaintes et dénonciations en faux pourront toujours être suivies, lors même que les pièces qui en sont l'objet auraient servi de fondement à des actes judiciaires ou civils. — *Pr*. 215, 238, 251. — *I. cr.*, 50.

Art. **354**. — Tout dépositaire public ou particulier de pièces arguées de faux est tenu, sous peine d'y être contraint par corps, de les remettre, sur l'ordonnance donnée par l'officier du Ministère public ou par le Juge d'Instruction.

Cette ordonnance et l'acte de dépôt lui serviront de décharge envers tous ceux qui auront intérêt à la pièce. — *I. cr.*, 12, 32, 58.

Art. **355**. — Les pièces qui seront fournies pour servir de comparaison, seront signées et paraphées, comme il est dit aux trois premiers articles du présent chapitre pour la pièce arguée de faux, et sous les mêmes peines. — *I. cr.*, 350 et s.

Art. **356**. — Tous dépositaires publics pourront être contraints, même par corps, à fournir les pièces de comparaison qui seront en leur possession : l'ordonnance par écrit et l'acte de dépôt leur serviront de décharge envers ceux qui pourraient avoir intérêt à ces pièces. — *Pr.*, 202 et s.

Art. **357**. — S'il est nécessaire de déplacer une pièce authentique, il en sera laissé au dépositaire une copie collationnée, laquelle sera vérifiée sur la minute ou l'original par le doyen du tribunal civil dans le ressort duquel le dépositaire sera domicilié ; le doyen en dressera procès-verbal ; et si le dépositaire est une personne publique, cette copie sera par lui mise au rang de ses minutes pour en tenir lieu jusqu'au renvoi de la pièce, et il pourra en délivrer des grosses ou expéditions, en faisant mention du procès-verbal. — *Civ.*, 1102. — *Pr.*, 204.

Néanmoins, si la pièce se trouve faire partie d'un registre de manière à ne pouvoir en être momentanément distraite, le tribunal pourra, en ordonnant l'apport du registre, dispenser de la formalité établie par le présent article. — *Pr.*, 246.

Art. **358**. — Les écritures privées peuvent aussi être produites pour pièces de comparaison, et être admises à ce titre, si les parties intéressées les reconnaissent.

Néanmoins, les particuliers qui, même de leur aveu, en sont possesseurs, ne peuvent être immédiatement contraints à les remettre, mais si, après avoir été cités devant le tribunal saisi pour faire cette remise ou déduire les motifs de leur refus, ils succombent, le jugement pourra ordonner qu'ils y seront contraints par corps. — *Civ.*, 1829. — *Pr.*, 133. — *I. cr.* 354, 356.

Art. **359**. — Lorsque les témoins s'expliqueront sur une pièce du procès, ils la parapheront et la signeront, et s'ils ne peuvent signer, le procès-verbal en fera mention. — *Pr.* 213, 235 et s. — *I. cr.*, 67.

Si, dans le cours d'une instruction ou d'une procédure, une pièce produite est arguée de faux par l'une des parties, elle sommera l'autre de déclarer si elle entend se servir de la pièce. — *Pr.*, 216 et s.

Art. **360**. — La pièce sera rejetée du procès, si la partie déclare qu'elle ne veut pas s'en servir, ou si, dans le délai de huit jours, elle ne fait aucune déclaration, et il sera passé outre à l'instruction ou au jugement.

Si la partie déclare qu'elle entend se servir de la

pièce, l'instruction sur le faux sera suivie incidemment devant le tribunal saisi de l'affaire principale. — *I. cr.* 359 et s.

Art. **361**. — Si la partie qui a argué de faux la pièce, soutient que celui qui l'a produite est l'auteur ou le complice du faux, ou s'il résulte de la procédure que l'auteur ou le complice du faux soit vivant, et la poursuite du crime non éteinte par la prescription, l'accusation sera suivie criminellement dans les formes ci-dessus prescrites. — *I. cr.*, 350 et s.

Si le procès est engagé au civil, il sera sursis au jugement, jusqu'à ce qu'il ait été prononcé sur le faux. — *Pr.*, 215 et s.

S'il s'agit de crimes, délits ou contraventions, le tribunal saisi est tenu de décider préalablement, et après avoir entendu l'officier chargé du Ministère public, s'il y a lieu ou non à surseoir. — *Pr.*, 240 et s.

Art. **362**. — Le prévenu ou l'accusé pourra être requis de produire et de former un corps d'écriture ; en cas de refus, ou de silence, le procès-verbal en fera mention.

Art. **363**. — Si un tribunal trouve dans la visite d'un procès, même civil, des indices sur un faux et sur la personne qui l'a commis, l'officier chargé du Ministère public ou le doyen, transmettra les pièces au Commissaire du Gouvernement près le Juge d'instruction, soit du lieu où le délit paraîtra avoir été commis, soit du lieu où le prévenu pourra être saisi, et il pourra même délivrer le mandat d'amener. — *Pr.* 240. — *I. cr.*, 30, 44, 77, 351.

Art. **364**. — Lorsque des actes authentiques auront été déclarés faux, en tout ou en partie, le tribunal qui aura connu du faux, ordonnera qu'ils soient rétablis, rayés ou réformés ; et du tout il sera dressé procès-verbal. — *Civ.*, 101. — *Pr.*, 242 et s.

Les pièces de comparaison seront renvoyées dans les dépôts d'où elles auront été tirées, ou seront remises aux personnes qui les auront communiquées; le tout dans le délai de quinzaine, à compter du jour du jugement, à peine d'une amende de quarante gourdes contre le greffier. — *Pr*. 244 et s. — *I. cr.*, 350 et s.

Amende actuelle : DIX PIASTRES. *(Loi du 10 août 1877, qui règle en monnaie forte les amendes, etc.)*

Art. **365.** — Le surplus de l'instruction sur le faux se fera comme sur les autres délits, sauf l'exception suivante.

Les doyens des tribunaux criminels, le Ministère public, les juges d'instruction et les juges de paix, pourront continuer, hors de leur ressort, les visites nécessaires chez les personnes soupçonnées d'avoir fabriqué, introduit, distribué de faux papiers nationaux, de faux billets de caisse, ou de faux billets de banque. — *I. cr.*. 5, 6, 313. — *Pén.*, 97 et s.

La présente disposition aura lieu également pour le crime de fausse monnaie ou de contrefaction du sceau de l'Etat. — *Pén.*, 97 et s.

CHAPITRE II

DES CONTUMACES

Art. **366.** — Lorsqu'après une ordonnance de mise en accusation, l'accusé n'aura pu être saisi, ou ne se présentera pas, dans les dix jours de la notification qui en aura été faite à son domicile ; — *Civ.*, 91. — *Pr.*, 78.

Ou lorsqu'après s'être présenté ou avoir été saisi, il se sera évadé ;

Le Doyen du tribunal criminel, ou à son défaut, le plus ancien juge de ce tribunal, rendra une ordonnance portant que l'accusé sera tenu de se représenter dans un nouveau délai de dix jours : sinon, qu'il sera déclaré rebelle à la loi, qu'il sera suspendu de l'exercice des droits de citoyen, que ses biens seront séquestrés pendant l'instruction de la contumace, que toute action en justice lui sera interdite pendant le même temps, qu'il sera procédé contre lui, et que toute personne est tenue d'indiquer le lieu où il se trouve. — *Civ.*, 11 et s.

Cette ordonnance fera de plus mention du crime, et de l'ordonnance de prise de corps.

Art. **367.** — Cette ordonnance sera de plus publiée à son de trompe ou de caisse, le dimanche suivant. et affichée à la porte du domicile de l'accusé, à celle du juge de paix, et à celle de l'auditoire du tribunal qui l'a rendue. — *Civ.*, 91. — *I. cr.*, 366 et s.

Le Commissaire du Gouvernement adressera aussi cette ordonnance à l'administrateur des finances du domicile du contumax. — *I. cr.*, 192, 393.

Art. **368.** — Après un délai de dix jours, il sera procédé au jugement de la contumace.

Art. **369** — Aucun conseil ne pourra se présenter pour défendre l'accusé contumax. — *I. cr.*, 200.

Si l'accusé est absent du territoire d'Haïti, ou s'il est dans l'impossibilité absolue de se rendre, ses parents ou ses amis pourront présenter son excuse et en plaider la légitimité. — *I. cr.* 370.

Art. **370.** — Si le tribunal trouve l'excuse légitime, il ordonnera qu'il sera sursis au jugement de l'accusé et au sequestre de ses biens, pendant un temps qui sera fixé, eu égard à la nature de l'excuse et à la distance des lieux.

Art. **371**. — Hors ce cas, il sera procédé de suite à la lecture de l'ordonnance du renvoi au tribunal criminel, de l'acte de notification de l'ordonnance ayant pour objet la représentation du contumax, et des procès-verbaux dressés pour constater la publication et l'affiche. — *I. cr.*, 177, 366.

Après cette lecture, le tribunal, sur les conclusions du Ministère public, prononcera sur la contumace.

Si l'instruction n'est pas conforme à la loi, le tribunal la déclarera nulle, et ordonnera qu'elle sera ecommencée. à partir du plus ancien acte illégal. — *I. cr.*, 375.

Si l'instruction est régulière, le tribunal prononcera sur l'accusation et statuera sur les intérêts civils, le tout sans assistance ou intervention de jurés. — *Civ.*, 1168 et s. — *I. cr.* 291, 377, 408.

Art. **372**. — Si le contumax est condamné, ses biens seront, à partir de l'exécution du jugement, considérés et régis comme biens d'absent ; et le compte du sequestre sera rendu à qui il appartiendra, après que la condamnation sera devenue irrévocable par l'expiration du délai pour purger la contumace. — *Civ.* 28 et s., 106 et s., 1728 et s. — *Pr.*, 253 et s. — *I. cr.*, 376, 379.

Art. **373**. — Extrait du jugement de condamnation sera, dans les trois jours de la prononciation, à la diligence du Ministère public, affiché aux portes des tribunaux et sur les places publiques du lieu où le crime aura été commis. — *Civ.*, 27 et s. — *I. cr.*, 192, 307. — *Pén.*, 13.

Pareil extrait sera, dans le même délai, adressé à l'administrateur des finances du domicile du contumax.

Art. **374**. — Le recours en cassation ne sera ouvert contre les jugements de contumace qu'au Ministère public et à la partie civile, en ce qui la regarde. — *I. cr.*, 1, 53, 192, 305, 315, 323.

Art. **375**. — En aucun cas, la contumace d'un accusé ne suspendra ni ne retardera de plein droit l'instruction à l'égard de ses coaccusés présents.

Le tribunal pourra ordonner, après le jugement de ceux-ci, la remise des effets déposés au greffe comme pièces de conviction, lorsqu'ils seront réclamés par les propriétaires ou ayants-droit.

Il pourra aussi ne l'ordonner qu'à charge de représenter, s'il y a lieu.

Cette remise sera précédée d'un procès-verbal de description, dressé par le greffier, à peine de quatre-vingts gourdes d'amende.

Amende actuelle : VINGT PIASTRES. *(Loi du 10 août 1877, qui règle en monnaie forte les amendes, etc.)*

Art. **376**. — Durant le sequestre, il peut être accordé des secours à la femme, aux enfants, au père ou à la mère de l'accusé, s'ils sont dans le besoin.

Ces secours seront réglés par l'autorité administrative.

Art. **377**. — Si l'accusé se constitue prisonnier, ou s'il est arrêté avant que la peine soit éteinte par la prescription, le jugement rendu par contumace et les procédures faites contre lui, depuis l'ordonnance de prise de corps, ou de se représenter, seront anéantis de plein droit, et il sera procédé à son égard dans la forme ordinaire.

Si cependant la condamnation par contumace était de nature à emporter la privation des droits civils, et si l'accusé n'a été arrêté ou ne s'est représenté qu'après les cinq ans qui ont suivi le jour fixé pour l'exécution du jugement de contumace, ce jugement conservera, pour le passé, les effets que la privation des droits civils aurait produits dans l'intervalle écoulé depuis l'expiration des cinq ans, jusqu'au jour de la comparution de l'accusé en justice.

Art. **378**. — Dans les cas prévus par l'article précédent, si, pour quelque cause que ce soit, des témoins ne peuvent être produits aux débats, leurs dépositions écrites et les réponses écrites des autres accusés du même délit seront lues à l'audience: il en sera de même de toutes les autres pièces qui seront jugées par le doyen du tribunal criminel être de nature à répandre la lumière sur le délit et les coupables.

Art. **379**. — Le contumax qui, après s'être représenté obtiendrait son renvoi de l'accusation, sera toujours condamné aux frais occasionnés par sa contumace.

CHAPITRE III.

DES CRIMES COMMIS PAR DES JUGES, HORS DE LEURS FONCTIONS, ET DANS L'EXERCICE DE LEURS FONCTIONS.

Art. **380**. — Lorsqu'un juge de paix, un membre du tribunal civil ou correctionnel, ou un officier chargé du Ministère public près de l'un de ces tribunaux, ou un tribunal entier sera prévenu d'avoir commis, hors de ses fonctions, ou dans l'exercice de ses fonctions, un délit emportant une peine, soit correctionnelle, soit afflictive ou infamante, l'officier qui aura reçu les dénonciations ou les plaintes, sera tenu d'en envoyer de suite des copies au Grand-Juge, ainsi que la copie des pièces. — *I. cr.*, 154, 381, 392.

Art. **381**.— Le Grand Juge transmettra, s'il y a lieu, les pièces au tribunal de cassation qui, s'il y a lieu, désignera le magistrat qui remplira les fonctions de juge d'instruction et celui qui exercera les fonctions d'officier de police judiciaire. — *I. cr.*, 13, 44, 187, 192, 390.

Art. **382.** — Après avoir entendu les témoins et terminé l'instruction qui lui aura été déléguée, le juge d'instruction renverra les procès-verbaux et les autres actes, clos et cachetés, au doyen du tribunal de Cassation. — *I. cr.*, 70, 209, 402, 405.

Art. **383.** — Sur le vu, soit des pièces qui auront été transmises par le Grand-Juge, ou produites par les parties, soit des renseignements ultérieurs qu'il se sera procurés, le tribunal ordonnera, s'il y a lieu, la comparution de l'inculpé ; et après l'avoir entendu ou dûment appelé, il renverra, s'il y a lieu, l'affaire par devant un tribunal correctionnel ou un tribunal criminel. Dans ce dernier cas, le doyen décernera l'ordonnance de prise de corps. — *I. cr.*, 81, 386, 442.

Art. **384.** — Le Grand-Juge pourra, d'office, donner connaissance au tribunal de cassation, qui procédera comme il est dit ci dessus.

Art. **385.** — Le fait pourra aussi être dénoncé directement au tribunal de cassation par les personnes qui se prétendront lésées ; mais seulement lorsqu'elles demanderont à prendre l'inculpé à partie, ou lorsque la dénonciation sera incidente à une affaire pendante au tribunal de cassation. — *Pr.*, 438 et s.

Art. **386.** — Si le fait dénoncé est de nature à emporter une peine afflictive ou infamante, et que la prévention soit suffisamment établie, le doyen du tribunal de cassation pourra, sur la réquisition du Ministère public, décerner le mandat de dépôt contre l'inculpé, sauf à procéder ensuite conformément aux articles précédents. — *I. cr.*, 81 et s., 383.

Art. **387**. — Le doyen ordonnera de suite la communication de la procédure au Commissaire du Gouvernement, qui, dans les cinq jours suivants, adressera au tribunal de cassation son réquisitoire. — *I. cr.*, 20, 50, 380, 388.

Art. **388**. — Soit que le réquisitoire ait été ou non précédé d'un mandat de dépôt, le tribunal y statuera, toutes affaires cessantes. — *I. cr.*, 177, 387.

Art. **389**. — La délibération aura lieu en séance non publique : les juges seront nommés en nombre impair.

Art. **390**. — L'instruction ainsi faite devant le tribunal de cassation, ne pourra être attaquée quant à la forme.

Elle sera commune aux complices du magistrat ou du tribunal poursuivi, lors même qu'ils n'exerceraient point de fonctions judiciaires. — *I. cr.*, 112, 335. — *Pén.*, 44 et s.

Art. **391**. — Seront au surplus observées les autres dispositions du présent Code qui ne sont pas contraires aux formes de procéder prescrites par le présent chapitre.

Art. **392**. — Le pourvoi dirigé contre le jugement du tribunal criminel, auquel l'affaire aura été renvoyée, pourra être porté devant les mêmes juges qui auront statué sur le renvoi.

Art. **393**. — Lorsque, dans l'examen d'une affaire, et sans qu'il y ait de dénonciation, le tribunal de cassation apercevra quelque délit de nature à faire poursuivre criminellement un tribunal ou un magistrat, il pourra, d'office, procéder comme il est dit ci dessus. — *I. cr.*, 380.

CHAPITRE IV

DES DÉLITS CONTRAIRES AU RESPECT DU AUX AUTORITÉS CONSTITUÉES.

Art. **394**. — Lorsqu'à l'audience, ou en tout autre lieu où se fait publiquement une instruction judiciaire, l'un ou plusieurs des assistants donneront des signes publics soit d'approbation, soit d'improbation, ou exciteront du tumulte, de quelque manière que ce soit, le doyen ou le juge les fera expulser ; s'ils résistent à ses ordres, ou s'ils rentrent, le doyen ou le juge ordonnera de les arrêter et conduire dans la maison d'arrêt : il sera fait mention de cet ordre dans le procès-verbal ; et sur l'exhibition qui en sera faite au gardien de la maison d'arrêt, les perturbateurs y seront reçus et retenus pendant vingt-quatre heures. — *Pr.*, 15 et s., 94 et s. — *I. cr.*, 157, 188, 395 et s. — *Pén.*, 383.

Art. **395**. — Lorsque le tumulte aura été accompagné d'injures ou de voies de fait donnant lieu à l'application ultérieure de peines correctionnelles ou de police, ces peines pourront être, séance tenante, et immédiatement après que les faits auront été constatés, prononcées sans appel. — *Pr.*, 97. — *I. cr.*, 24, 125, 148, 155. — *Pén.*, 183.

Art. **396**. — S'il s'agit d'un crime commis à l'audience d'un juge seul ou d'un tribunal sujet à l'appel, le juge ou le tribunal, après avoir fait arrêter le délinquant et dressé procès-verbal des faits, enverra les pièces et le prévenu devant le tribunal compétent. — *Pr.*, 98. — *I. cr.*, 19, 22, 30, 399. — *Pén.*, 188.

Art. **397**. — A l'égard des voies de fait qui auraient dégénéré en crimes, ou de tous autres crimes flagrants et commis à l'audience du tribunal de cassation ou d'un tribunal criminel, le tribunal procédera au jugement de suite et sans désemparer.

Il entendra les témoins, le délinquant et le conseil qu'il aura choisi, ou qui lui aura été désigné par le doyen ; et après avoir constaté les faits, et ouï le ministère public, le tout publiquement, il appliquera la peine par un jugement qui sera motivé. — *I. cr.*, 166, 243, 297, 301, 398.

Art. **398.** — Dans le cas de l'article précédent, si les juges présents à l'audience sont au nombre de cinq ou six, il faudra quatre voix pour opérer la condamnation.

S'ils sont en moindre nombre, il faudra l'unanimité.

Art. **399.** — Les officiers de police administrative ou judiciaire, lorsqu'ils rempliront publiquement quelques actes de leur ministère, exerceront aussi les fonctions de police réglées par l'article 394, et, après avoir fait saisir les perturbateurs, ils dresseront procès-verbal du délit, et enverront ce procès-verbal, s'il y a lieu, ainsi que les prévenus, devant les juges compétents. — *I. cr.*, 19, 22, 396.

CHAPITRE V

DE LA MANIÈRE DONT SERONT REÇUES EN MATIÈRE CRIMINELLE, CORRECTIONNELLE ET DE POLICE, LES DÉPOSITIONS DE CERTAINS FONCTIONNAIRES DE L'ÉTAT.

Art. **400.** — Les grands fonctionnaires de l'Etat ne pourront jamais être cités comme témoins, même pour les débats qui ont lieu en présence du jury, si ce n'est dans le cas où le Président d'Haiti, sur la demande d'une partie et le rapport du Grand-Juge, aurait, par une ordonnance spéciale, autorisé cette comparution.

Art. **401.** — Les dépositions des personnes de cette qualité, seront, sauf l'exception ci-dessus prévue, rédigées par écrit et reçues par le doyen du tribunal civil, si les personnes désignées en l'article précédent résident ou se trouvent dans la ville où siège le tribunal ; sinon, par le juge de paix de la commune dans laquelle elles auraient leur domicile ou se trouveraient accidentellement. — *I. cr.*, 69, 209.

Il sera, à cet effet, adresssé par le tribunal ou le juge d'instruction saisi de l'affaire, au doyen ou juge de paix ci-dessus désigné, un état des faits, demandes et questions sur lesquels le témoignage est requis. — *I. cr.*, 404.

Ce magistrat se transportera aux demeures des personnes dont il s'agit, pour recevoir leurs dépositions.

Art. **402**.—Les dépositions ainsi reçues seront immédiatement remises au greffier, ou envoyées closes et cachetées à celui du tribunal ou du juge requérant, et communiquées sans délai à l'officier chargé du Ministère public. — *I. cr.*, 71, 209, 382, 405.

Dans l'examen devant le jury, elles seront lues publiquement aux jurés et soumises aux débats, sous peine de nullité.

Art. **403**. — Dans le cas où le Président d'Haïti aurait ordonné ou autorisé la comparution de quelques-unes des personnes ci-dessus désignées, devant le jury, l'ordonnance déterminera le cérémonial à observer à leur égard. — *I. cr.*, 400.

Art. **404**, — A l'égard des généraux actuellement en service, des commandants d'arrondissement, des employés en mission, des agents accrédités par le Président d'Haïti près les puissances étrangères, il sera procédé comme suit :

Si leur déposition est requise devant le tribunal criminel, ou devant le juge d'instruction du lieu de leur résidence ou de celui où ils se trouveraient actuellement, ils devront la fournir dans les formes ordinaires. — *I. cr.*, 67.

S'il s'agit d'une déposition relative à une affaire poursuivie hors du lieu où ils résident pour l'exercice de leurs fonctions et de celui où ils se trouveraient accidentellement, et si cette déposition n'est pas requise devant le jury, le doyen ou le juge d'instruction saisi de l'affaire, adressera à celui du lieu où résident ces fonctionnaires, à raison de leurs fonctions, un état des faits, demandes et questions, sur lesquels leur témoignage est requis ;

S'il s'agit du témoignage d'un agent résidant auprès d'un gouvernement étranger, cet état sera adressé au Grand-Juge qui en fera le renvoi sur les lieux, et désignera la personne qui recevra la déposition.

Art. **405**. — Le doyen ou le juge d'instruction auquel sera adressée l'état mentionné en l'article précédent, fera assigner le fonctionaire devant lui et recevra sa déposition par écrit. — *Pr.*, 78.

Cette déposition sera envoyée close et cachetée au greffe du tribunal ou au juge requérant, communiquée et lue, comme il est dit en l'article 402, et sous les mêmes peines. — *I. cr.*, 71, 209, 315, 382.

Art. **406**. — Si les fonctionnaires de la qualité exprimée en l'article 404 sont cités à comparaître comme témoins, devant un jury assemblé hors du lieu où ils résident pour l'exercice de leurs fonctions ou de celui où ils se trouveraient accidentellement, ils pourront en être dispensés par une ordonnance du Président d'Haïti.

Dans ce cas, ils déposeront par écrit, et l'on observera les dispositions des articles 404 et 405.

CHAPITRE VI

DE LA RECONNAISSANCE DE L'IDENTITÉ DES INDIVIDUS CONDAMNÉS, ÉVADÉS ET REPRIS.

Art. **407**. — La reconnaissance de l'identité d'un

individu condamné, évadé et repris, sera faite par le tribunal qui aura prononcé sa condamnation.

Il en sera de même de l'identité d'un individu condamné au bannissement, qui aura enfreint son ban et sera repris ; et le tribunal, en prononçant l'identité, lui appliquera, de plus, la peine attachée par la loi à son infraction, — *Pén.*, 8.

Art. **408**. — Tous ces jugements seront rendus, sans assistance de jurés, après que le tribunal aura entendu les témoins appelés, tant à la requête du Ministère public, qu'à celle de l'individu repris, si ce dernier en a fait citer. — *I. cr.*, 251.

L'audience sera publique, et l'individu repris sera présent, à peine de nullité.

Art. **409**. — Le ministère public et l'individu repris pourront se pourvoir en cassation, dans les formes et dans le délai déterminés par le présent Code, contre le jugement rendu sur la poursuite en reconnaissance d'identité.

CHAPITRE VII

MANIÈRE DE PROCÉDER EN CAS DE DESTRUCTION OU D'ENLÈVEMENT DES PIÈCES OU DU JUGEMENT D'UNE AFFAIRE.

Art. **410**. — Lorsque, par le fait d'un incendie, d'une inondation ou de toute autre cause extraordinaire, des minutes de jugements rendus en matière criminelle ou correctionnelle, et non encore exécutés, ou des procédures encore indécises, auront été détruites, enlevées ou se trouveront égarées, et qu'il n'aura pas été possible de les rétablir, il sera procédé ainsi qu'il suit.

Art. **411**. — S'il existe une expédition ou copie authentique du jugement, elle sera considérée comme minute, et en conséquence, remise dans le dépôt destiné à la conservation des jugements.

A cet effet, tout officier public ou tout individu dépositaire d'une expédition ou d'une copie authentique du jugement, est tenu, sous peine d'y être contraint par corps, de la remettre au greffe du tribunal qui l'a rendu, sur l'ordre qui en sera donné par le doyen du tribunal.

Cet ordre lui servira de décharge envers ceux qui auront intérêt à la pièce.

Le dépositaire de l'expédition ou copie authentique de la minute détruite, enlevée ou égarée, aura la liberté en la remettant dans le dépôt public, de s'en faire délivrer une expédition, sans frais. — *Civ.*, 1119.

Art. **412**. — Lorsqu'il n'existera plus en matière criminelle, d'expédition ou de copie authentique du jugement, si la déclaration du jury existe encore en minute ou en copie authentique, on procédera, d'après cette déclaration, à un nouveau jugement. — *I. cr.*, 281, 301, 413.

Art. **413**. — Lorsque la déclaration du jury ne pourra plus être représentée, ou lorsque l'affaire aura été jugée sans jurés, et qu'il n'en existera aucun acte par écrit, l'instruction sera recommencée, à partir du point où les pièces se trouveront manquer, tant en minute qu'en expédition ou copie authentique.

LOI N° 7

Sur les règlements de juges, et les renvois d'un tribunal à un autre.

CHAPITRE PREMIER

DES RÈGLEMENTS DE JUGES

Art. **414**. — Toutes demandes en règlement de juges seront instruites et jugées sommairement et sur simplės mémoires. — *Pr.*, 362 et s. — *I. cr.*, 415 et s.

Art. **415.** — Il y aura lieu à être réglé de juges par le tribunal de cassation, en matière criminelle, correctionnelle ou de police, lorsque des tribunaux ou juges ne ressortissant pas les uns aux autres, seront saisis de la connaissance du même délit ou de délits connexes, ou de la même contravention. — *I. cr.*, 112, 214, 335, 427.

Il y aura lieu également à être réglé de juges par le tribunal de cassation, lorsqu'un tribunal militaire ou maritime, ou un officier de police militaire, ou tout autre tribunal d'exception, d'une part, un tribunal criminel, un tribunal jugeant correctionnellement, un tribunal de police ou un juge d'instruction, d'autre part, seront saisis de la connaissance du même délit ou de délits connexes, ou de la même contravention.

Art. **416.** — Sur le vu de la requête et des pièces, le tribunal de cassation ordonnera que le tout soit communiqué aux parties, ou statuera définitivement, sauf l'opposition.

Art. **417.** — Dans le cas où la communication serait ordonnée sur le pourvoi en conflit du prévenu, de l'accusé ou de la partie civile, l'arrêt enjoindra à l'un et à l'autre des officiers chargés du ministère public près les autorités judiciaires concurremment saisies, de transmettre les pièces du procès et leur avis motivé sur le conflit.

Art. **418.** — L'arrêt de *soit communiqué* fera mention sommaire des actes d'où naîtra le conflit, et fixera, selon la distance des lieux, le délai dans lequel les pièces et les avis motivés seront apportés au greffe.

La notification qui sera faite de cet arrêt aux parties, emportera de plein droit sursis au jugement du procès; et en matière criminelle, à la mise en accusation, ou, si elle a déjà été prononcée, à la formation du jury, ou à l'examen, mais non aux actes et procédures conservatoires ou d'instruction.

Le prévenu ou l'accusé et la partie civile pourront présenter leurs moyens sur le conflit dans la forme réglée par le chapitre II de la loi n° 5 pour le recours en cassation. — *I. cr.*, 53, 417, 437.

Art. **419.** — Lorsque, sur la simple requête, il sera intervenu arrêt qui aura statué sur la demande en règlement de juges, cet arrêt sera, à la diligence du Commissaire du Gouvernement près le tribunal de Cassation, et par l'intermédiaire du Grand-Juge, notifié à l'officier chargé du Ministère public près le tribunal ou le magistrat dessaisi.

Il sera de même notifié au prévenu ou à l'accusé et à la partie civile s'il y en a une. — *I. cr.*, 417, 425, 435.

Art. **420.** — Le prévenu ou l'accusé et la partie civile pourront former opposition à l'arrêt dans le délai de trois jours, et dans les formes prescrites par le chapitre II de la loi n° 5 pour le recours en cassation.

Art. **221.** — L'opposition dont il est parlé au précédent article entraînera de plein droit sursis au jugement du procès comme il est dit en l'article 418.

Art. **422.** — Le prévenu qui ne sera pas en arrestation, l'accusé qui ne sera pas retenu dans la maison de justice, et la partie civile ne seront point admis au bénéfice de l'opposition, s'ils n'ont antérieurement ou dans le délai fixé par l'article 418, élu domicile dans le lieu où siège l'une des autorités judiciaires en conflit.

A défaut de cette élection, ils ne pourront non plus exciper de ce qu'ils ne leur aurait été fourni aucune communication, dont le poursuivant sera dispensé à leur égard. — *I. cr.*, 55, 78, 98, 163.

Art. **423**. — Le tribunal de cassation, en jugeant le conflit, statuera sur tous les actes qui pourraient avoir été faits par le tribunal ou le magistrat qu'il dessaisira. — *I. cr.*, 315, 418, 428.

Art. **424**. — Les arrêts rendus sur des conflits ne pourront pas être attaqués par la voix de l'opposition, lorsqu'ils auront été précédés d'un arrêt de *soit communiqué* dûment exécuté. — *I. cr.*, 418, 425.

Art. **425**. — L'arrêt rendu ou après un *soit communiqué*, ou sur une opposition, sera notifié aux mêmes parties et dans la même forme que l'arrêt qui l'aura précédé. — *Pr.*, 78. — *I. cr.*, 419.

Art. **426**. — Lorsque le prévenu ou l'accusé, l'officier chargé du Ministère public, ou la partie civile, aura excipé de l'incompétence d'un tribunal ou d'un juge d'instruction, ou proposé un déclinatoire, soit que l'exception ait été admise ou rejetée, nul ne pourra recourir au tribunal de cassation pour être réglé de juges, sauf à se pourvoir en cassation, s'il y a lieu, contre le jugement rendu. — *Pr.*, 171. — *I. cr.*, 315.

Art. **427**. — Lorsque deux tribunaux de simple police seront saisis de la même contravention ou de contraventions connexes, les parties seront réglées de juges par le tribunal civil auquel ils ressortissent l'un et l'autre, sauf le recours en cassation ; et s'ils ressortissent à différents tribunaux, elles seront réglées par le tribunal de cassation, ainsi qu'il est dit en l'article 415.

Art. **428**. — La partie civile, le prévenu ou l'accusé qui succombera dans la demande en règlement de juges qu'il aura introduite, pourra être condamné à une amende qui toutefois n'excédera pas la somme de deux cent quarante gourdes, dont moitié sera pour la partie. — *Pr.*, 366. — *I. cr.*, 1, 53, 417 et s.

Amende actuelle : SOIXANTE PIASTRES. *(Loi du 10 août 1877, qui règle en monnaie forte les amendes, etc.)*

CHAPITRE II

DES RENVOIS D'UN TRIBUNAL A UN AUTRE

Art. **429**. — En matière criminelle, correctionnelle ou de police, le tribunal de cassation peut, sur la réquisition du Commissaire du Gouvernement près ce tribunal, renvoyer la connaissance d'une affaire, d'un tribunal criminel, d'un tribunal correctionnel ou de police, à un autre tribunal de même qualité, d'un juge d'instruction à un autre juge d'instruction, pour cause de sûreté publique ou de suspicion légitime.

Ce renvoi peut aussi être ordonné sur la demande des parties intéressées, mais seulement pour cause de suspicion légitime. — *Pr.*, 367 et s.

Art. **430**. — La partie intéressée qui aura procédé volontairement devant un tribunal ou un juge d'instruction, ne sera reçue à demander le renvoi qu'à raison des circonstances survenues depuis, lorsqu'elles seront de nature à faire naître une suspicion légitime. — *Pr.*, 368 et s. — *I. cr.*, 185, 489.

Art. **431**. — Les officiers chargés du Ministère public pourront se pourvoir immédiatement devant le tribunal de cassation, pour demander le renvoi pour cause de suspicion légitime ; mais lorsqu'il s'agira d'une demande en renvoi pour cause de sûreté publique, ils seront tenus d'adresser leurs réclamations, leurs motifs et les pièces à l'appui, au Grand-Juge qui les transmettra, s'il y a lieu, au tribunal de cassation.

Art. **432**. — Sur le vu de la requête et des pièces, le tribunal de cassation statuera définitivement, sauf l'opposition, ou ordonnera que le tout soit communiqué. — *I. cr.*, 416 et s.

Art. **433**. — Lorsque le renvoi sera demandé par le prévenu, l'accusé ou la partie civile, et que le tribunal de cassation ne jugera à propos ni d'accueillir, ni de rejeter cette demande sur le champ, l'arrêt en ordonnera la communication à l'officier chargé du Ministère public près le tribunal ou le juge d'instruction saisi de la connaissance du délit, et enjoindra à cet officier de transmettre les pièces avec son avis motivé sur la demande en renvoi. L'arrêt ordonnera, de plus, s'il y a lieu, que la communication sera faite à l'autre partie. — *I. cr.*, 1, 53, 417, 434.

Art. **434**. — Lorsque la demande en renvoi sera formée par l'officier chargé du Ministère public, et que le tribunal de cassation n'y statuera point définitivement, il ordonnera, s'il y a lieu, que la communication sera faite aux parties, ou prononcera telle autre disposition préparatoire qu'il jugera nécessaire.

Art. **435**. — Tout arrêt qui, sur le vu de la requête et des pièces, aura définitivement statué sur une demande en renvoi, sera à la diligence du Commissaire du Gouvernement près le tribunal de cassation, ou par l'intermédiaire du Grand-Juge, notifié, soit à l'officier chargé du Ministère public près le tribunal ou le juge d'instruction dessaisi, soit à la partie civile, au prévenu ou à l'accusé, en personne ou au domicile élu. — *I. cr.*, 419.

Art. **436**. — L'opposition ne sera pas reçue, si elle n'est pas formée d'après les règles et dans le délai fixés au chapitre premier de la présente loi. — *I. cr.*, 420 et s.

Art. **437**. -- L'opposition reçue emporte de plein

droit sursis au jugement du procès. comme il est dit en l'article 418.

Art. **438**. — Les articles 414, 417 second alinéa, 418, 421, 422, 423, 425 et 428, seront communs aux demandes en renvoi d'un tribunal à un autre.

Art. **439**. — L'arrêt qui aura rejeté une demande en renvoi n'excluera pas une demande en renvoi fondée sur des faits survenus depuis. — *I. cr.*, 429 et s.

LOI N° 8

Sur quelques objets d'intérêt public et de sûreté générale.

CHAPITRE PREMIER

DU DÉPOT GÉNÉRAL DE LA NOTICE DES JUGEMENTS

Art. **440**. — Les greffiers des tribunaux correctionnels et des tribunaux criminels seront tenus de consigner, par ordre alphabétique, sur un registre particulier, les noms, prénoms, profession, âge et résidence de tous les individus condamnés à un emprisonnement correctionnel ou à une plus forte peine : ce registre contiendra une notice sommaire de chaque affaire, et de la condamnation, à peine de quarante gourdes d'amende, pour chaque omission.

Amende actuelle : DIX PIASTRES. *(Loi du 10 août 1877, qui règle en monnaie forte les amendes, etc.)*

Art. **441**. — Tous les trois mois, les greffiers enverront, sous peine de quatre-vingts gourdes d'amende, copie de ces registres au Grand-Juge, qui fera tenir, dans la même forme, un registre général composé de ces diverses copies.

Amende actuelle : VINGT PIASTRES. *(Loi citée dans l'article précédent.)*

CHAPITRE II

DES PRISONS, MAISONS D'ARRÊT ET DE JUSTICE

Art. **442**. — Les maisons d'arrêt et de justice seront entièrement distinctes des prisons établies pour peines.

Les Commissaires du Gouvernement veilleront à ce que ces différentes maisons soient non seulement sûres, mais propres, et telles que la santé des prisonniers ne puisse aucunement être altérée.

Art. **443**. — Les gardiens des maisons d'arrêt, des maisons de justice et des prisons, seront tenus d'avoir un registre.

Ce registre sera signé et paraphé, à toutes les pages, par le juge d'instruction, pour les maisons d'arrêt ; par le doyen du tribunal civil, pour les maisons de justice ; et par le Commissaire du Gouvernement, pour les prisons pour peines.

Art. **444**. — Tout exécuteur de mandat d'arrêt, d'ordonnance de prise de corps, d'arrêt ou de jugement de condamnation, est tenu, avant de remettre au gardien la personne qu'il conduira, de faire inscrire sur le registre l'acte dont il sera porteur : l'acte de remise sera écrit devant lui.

Le tout sera signé tant par lui que par le gardien.

Le gardien lui en remettra une copie signée de lui, pour sa décharge.

Art. **445**. — Nul gardien ne pourra, à peine d'être poursuivi et puni comme coupable de détention arbitraire, recevoir ni retenir aucune personne qu'en vertu soit d'un mandat de dépôt, soit d'un mandat d'arrêt, de renvoi devant un tribunal criminel, d'un décret d'accusation, ou d'un jugement de condamnation à une peine afflictive ou à un emprisonnement, et sans que la transcription en ait été faite sur son registre. — *I. cr.*, 80 et s., 119, 143, 166, 170, 301, 444, 452 — *Pén.*, 7, 26, 89, 91, 289.

Art. **446**. — Le registre ci-dessus mentionné contiendra également, en marge de l'acte de remise, la date de la sortie du prisonnier, ainsi que l'ordonnance ou le jugement en vertu duquel elle aura lieu.

Art. **447**. — Le juge de paix est tenu de visiter, au moins une fois par mois, les personnes retenues dans la maison d'arrêt de sa commune : et le doyen du tribunal ainsi que le Commissaire du Gouvernement, au moins une fois par mois, toutes les maisons de détention contenant des accusés ou des condamnés, dans la ville où siège le tribunal civil. — *I. cr.*, 44, 187, 143.

Art. **448**. — Les magistrats désignés par l'article précédent veilleront à ce que la nourriture des prisonniers soit suffisante et saine. — *I. cr.*, 9, 442, 447, 450.

Le juge d'instruction et le doyen du tribunal criminel pourront donner respectivement tous les ordres qui devront être exécutés dans les maisons d'arrêt ou de justice, et qu'ils croiront nécessaires, soit pour l'instruction, soit pour le jugement. — *I. cr.* 44, 187.

Art. **449**. — Si quelque prisonnier use de menaces, injures ou violences, soit à l'égard du gardien ou de ses préposés, soit à l'égard des autres prisonniers, il sera, sur les ordres de qui il appartiendra, resserré plus étroitement, enfermé seul, même mis aux fers, en cas de fureur ou de violence grave, sans préjudice des poursuites auxquelles il pourrait avoir donné lieu. — *Pén.*, 170 et s.

CHAPITRE III

DES MOYENS D'ASSURER LA LIBERTÉ INDIVIDUELLE CONTRE LES DÉTENTIONS ILLÉGALES OU D'AUTRES ACTES ARBITRAIRES.

Art. **450**. — Quiconque aura connaissance qu'un individu est détenu dans un lieu qui n'a pas été destiné à servir de maison d'arrêt, de justice ou de prison, est tenu d'en donner avis au juge de paix, au Ministère public ou au juge d'instruction. — *Pr.*, 688. — *I. cr.*, 442.

Art. **451**. — Tout juge de paix, tout officier chargé du Ministère public, tout juge d'instruction est tenu, d'office, ou sur l'avis qu'il en aura reçu, sous peine d'être poursuivi comme complice de détention arbitraire, de s'y transporter aussitôt, et de faire mettre en liberté la personne détenue, ou, s'il est allégué quelque cause légale de détention, de la faire conduire sur le champ devant le magistrat compétent. — *Pén.*, 88 et s.

Il dressera du tout son procès-verbal.

Il rendra au besoin une ordonnance dans la forme prescrite par l'article 81 du présent Code.

En cas de résistance, il pourra se faire assister de la force nécessaire ; et toute personne requise est tenue de lui prêter main forte. — *I. cr.*, 85, 90.

Art. **452**. — Tout gardien qui aura refusé, ou de montrer au porteur de l'ordre des magistrats ayant la police des maisons d'arrêt, de justice ou de la prison, la personne du détenu, sur la réquisition qui en sera faite, ou de montrer l'ordre qui le lui défend, ou de faire au juge de paix l'exhibition de ses registres, ou de lui laisser prendre telle copie que celui-ci croira nécessaire de partie de ses registres, sera poursuivi comme coupable de détention arbitraire. — *Pén.*, 89.

CHAPITRE IV

DE LA RÉHABILITATION DES CONDAMNÉS.

Art. **453**. — Tout condamné à une peine afflictive ou infamante qui aura subi sa peine, pourra être réhabilité.

La demande en réhabilitation ne pourra être formée, par les condamnés aux travaux forcés ou à la réclusion, que cinq ans après l'expiration de leur peine. — *Com.*, 597. — *I. cr.*, 460 et s. — *Pén.*, 7.

Art. **454**. — Nul ne sera admis à demander sa réhabilitation, s'il ne demeure depuis cinq ans dans le ressort du tribunal civil qui doit connaître de sa demande, s'il n'est domicilié depuis deux ans au moins dans une même commune et s'il ne joint à sa demande des attestations de bonne conduite qui lui auront été données par les juges de paix de toutes les communes dans lesquelles il aura demeuré ou résidé pendant le temps qui aura précédé sa demande. — *Civ.*, 91.

Ces attestations de bonne conduite ne pourront lui être délivrées qu'au moment où il quitterait son domicile ou sa résidence. Elles devront être approuvées par le Commissaire du Gouvernement. — *I. cr.*, 455.

Art. **455**. — La demande en réhabilitation, les attestations exigées par l'article précédent, et l'expédition du jugement de condamnation, seront déposées au greffe du tribunal civil dans le ressort duquel résidera le condamné.

Art. **456**. — La requête et les pièces seront communiquées au Commissaire du Gouvernement, qui donnera ses conclusions motivées et par écrit. — *I. cr.*, 192.

Art. **457**. — Le tribunal et le Ministère public pourront en tout état de cause, ordonner de nouvelles informations.

Art. **458**. — La notice de la demande en réhabilitation sera publiée par affiche ou par insertion au journal judiciaire du lieu où siège le tribunal qui doit donner son avis. Elle sera publiée par les mêmes voies dans les lieux où la condamnation aura été prononcée.

Art. **459**. — Le tribunal, le Ministère public entendu, donnera son avis. Cet avis ne pourra être donné que trois mois au moins après la présentation de la demande. — *I. cr.*, 456, 471.

Art. **460**. — Si le tribunal est d'avis que la demande ne peut être admise, le condamné pourra se pourvoir de nouveau, après un nouvel intervalle de cinq ans.

Si le tribunal pense que la demande peut être admise, son avis, ensemble les pièces exigées par l'article 454, seront, par le Commissaire du Gouvernement, et dans le plus bref délai, transmis au Grand-Juge, qui pourra consulter le tribunal qui aura prononcé la condamnation.

Il en sera fait rapport par le Grand-Juge au Président d'Haïti.

Art. **461**. — Si la réhabilitation est prononcée, il en sera expédié des lettres où l'avis du tribunal sera inséré.

Les lettres de réhabilitation seront adressées au tribunal qui aura délibéré l'avis : il en sera envoyé copie authentique au tribunal qui aura prononcé la condamnation ; et transcription des lettres sera faite en marge de la minute du jugement de condamnation. — *I. cr.*, 301.

Art. **462**. — La réhabilitation fera cesser, pour

l'avenir, dans la personne du condamné, toutes les incapacités qui résultaient de la condamnation. — *Pén.*, 7, 8, 23, 24.

Art. **463.** — Le condamné pour récidive ne sera jamais admis à la réhabilitation. — *Pén.*, 40 et s.

CHAPITRE V

DE LA PRESCRIPTION

Art. **464.** — Les peines portées par les jugements rendus en matière criminelle, se prescrivent par quinze années révolues, à compter de la date des jugements. — *Civ.*, 1987. — *I. cr.*, 2. 301, 377, 465 et s. — *Pén.*, 6 et s.

Néanmoins, le condamné ne pourra résider dans l'arrondissement où demeureraient, soit celui sur lequel ou contre la propriété duquel le crime aurait été commis, soit ses héritiers directs.

Le Gouvernement pourra assigner au condamné le lieu de son domicile. — *Civ.*, 91.

Art. **465.** — Les peines portées par les jugements rendus en matière correctionnelle, se prescriront par cinq années révolues, à compter de la date du jugement.

Art. **466.** — L'action publique et l'action civile résultant d'un crime de nature à emporter la peine de mort ou des peines afflictives ou infamantes, se prescriront après dix années révolues, à compter du jour où le crime aura été commis, si, dans cet intervalle, il n'a été fait aucun acte d'instruction ni de poursuite. — *I. cr.*, 2. — *Pén.*, 7 et s.

S'il a été fait dans cet intervalle, des actes d'instruction ou de poursuite non suivis de jugement, l'action publique et l'action civile ne se prescriront qu'après dix années révolues, à compter du dernier acte, à l'égard même des personnes qui ne seraient pas impliquées dans cet acte d'instruction ou de poursuite. — *Civ.*, 2012. — *Pr.*, 240. — *I. cr.*, 461 et s.

Art. **467**. — Dans les deux cas exprimés en l'article précédent, et suivant les distinctions d'époques qui y sont établies, la durée de la prescription sera réduite à trois années révolues, s'il s'agit d'un délit de nature à être puni correctionnellement. — *I. cr.* 155, 465, 470 et s. — *Pén.*, 1-2°, 9, 26 et s, 41 et s.

Art. **468**. — Les peines portées par les jugements rendus pour contraventions de police, seront prescrites après deux années révolues, savoir : pour les peines prononcées par jugements en dernier ressort, à compter du jour du jugement ; et à l'égard des peines prononcées par jugements susceptibles d'appel, à compter du jour où ils ne pourront plus être attaqués par la voie de l'appel. — *I. cr.*, 124, 143, 150, 152, 469 et s.

Art. **469**. — L'action publique et l'action civile pour une contravention de police, seront prescrites après une année révolue, à compter du jour où elle aura été commise, même lorsqu'il y aura eu procès-verbal, saisie, instruction ou poursuite, si, dans cet intervalle, il n'est point intervenu de condamnation. S'il y a eu un jugement définitif de nature à être attaqué par la voie de l'appel, l'action publique et l'action civile se prescriront après une année révolue, à compter de la notification de l'appel qui en aura été interjeté. — *I. cr.*, 124.

Art. **470**. — En aucun cas, les condamnés par défaut ou par contumace, dont la peine est prescrite, ne pourront être admis à se présenter pour purger le défaut ou la contumace. — *Civ.*, 34. — *I. cr.*, 130, 162, 377.

Art. **471**. — Les condamnations civiles portées par les jugements rendus en matière criminelle, correctionnelle ou de police, et devenus irrévocables, se prescriront d'après les règles établies par le Code civil. — *Civ.*, 939. 1168 et s. — *I. cr.*, 1; 53, 464, 468.

Art. **472**. — Le présent Code abroge toutes les dispositions de lois qui lui sont contraires : il sera exécutoire dans toute la République à dater du premier Janvier 1836, et expédié au Sénat, conformément à la Constitution.

FIN DU CODE D'INSTRUCTION CRIMINELLE

TABLE GÉNÉRALE DES MATIÈRES

DU

CODE D'INSTRUCTION CRIMINELLE

FIN DE LA TABLE GÉNÉRALE DES MATIÈRES DU CODE D'INSTRUCTION CRIMINELLE

IMPRIMERIE F DEVERDUN, BUZANÇAIS (INDRE).

www.ingramcontent.com/pod-product-compliance
Ingram Content Group UK Ltd.
Pitfield, Milton Keynes, MK11 3LW, UK
UKHW020556230726
13926UKWH00005B/2053

9 782016 149225